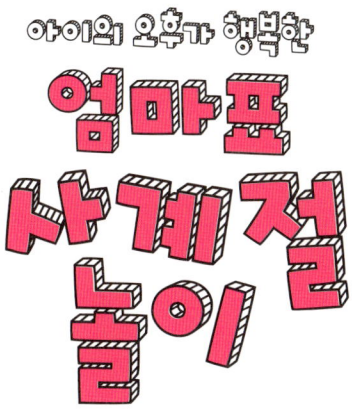

아이의 오후가 행복한
엄마표 사계절 놀이

아이의 오후가 행복한 **엄마표 사계절 놀이**

초판 발행 2015년 7월 27일

지은이 류지원 / **펴낸이** 김태헌
총괄 임규근 / **책임편집** 박채령 / **기획·편집** 권형숙 / **교정교열** 노진영 / **디자인** 인앤아웃
영업 문윤식, 조유미 / **마케팅** 박상용, 서은옥 / **제작** 박성우

펴낸곳 한빛라이프 / **주소** 서울시 마포구 양화로 7길 83 한빛빌딩 3층
전화 02-336-7129 / **팩스** 02-336-7124
등록 2013년 11월 14일 제2013-000350호 / **ISBN** 979-11-85933-19-1 13590

한빛라이프는 한빛미디어(주)의 실용 브랜드로 나와 내 아이, 우리의 일상을 환히 비출 수 있는 책을 펴냅니다.

이 책에 대한 의견이나 오탈자 및 잘못된 내용에 대한 수정 정보는 한빛미디어(주)의 홈페이지나 아래 이메일로 알려주십시오. 잘못된 책은 구입하신 서점에서 교환해 드립니다. 책값은 뒤표지에 표시되어 있습니다.
한빛미디어 홈페이지 www.hanbit.co.kr / 이메일 ask_life@hanbit.co.kr

Published by HANBIT Life Printed in Korea
Copyright ⓒ 2015 류지원 & HANBIT Media, Inc.
이 책의 저작권은 류지원과 한빛라이프에 있습니다.
저작권법에 의해 보호를 받는 저작물이므로 무단 복제 및 무단 전재를 금합니다.

이 책에 사용된 서체 중 일부는 아모레퍼시픽의 아리따글꼴을 사용했습니다.

지금 하지 않으면 할 수 없는 일이 있습니다.
책으로 펴내고 싶은 아이디어나 원고를 이메일로(writer@hanbit.co.kr)로 보내주세요.
한빛미디어(주)는 여러분의 소중한 경험과 지식을 기다리고 있습니다.

아이와 오후가 행복한 엄마표 사계절 놀이

류지원 지음

한빛라이프

 머리말

아이의 오후,
엄마의 관심으로 채워주세요

아이들이 2살, 4살이 되던 해 여름이었어요. 자연관찰전집 중에서 유난히 선인장 책을 좋아하던 큰아이와 함께 책을 읽은 후, 스티로폼, 색종이, 이쑤시개로 선인장을 만들며 즐거워했던 기억이 납니다.

우리 집 미술놀이는 이렇게 아이가 관심을 가지는 것에서부터 출발했어요. 아이가 즐겨 읽는 책이나 산책을 나가면 관심을 가지는 것들을 위주로 만들기나 그리기 활동 등을 하면서 아이의 관심을 확장해주었지요. 평소에 관심있어 하는 것들을 놀이로 이어갔더니 아이도 적극적으로 참여했고, 엄마와 보내는 오후 시간을 무척 즐거워했습니다.

아이들이 유치원에 다니고부터는 유치원에서 배우는 주제를 확장해서 여러 가지 책을 읽고 다양한 활동을 하였습니다. 누리과정이 만 3세까지 확대 시행되면서 유치원에서 배우는 생활 주제들이 초등 1~2학년까지 연계가 되기에 아이들이 유치원에서 배우는 것들을 잘 살펴두었다가 관련 책들을 읽고 유치원에서 할 수 없는 체험이나 미술 활동, 과학 활동들로 연계해주었어요. 때로는 아이가 유치원에서 배워온 것을 엄마에게 이야기해주고 책을 꺼내와서 알려주기도 했고요.

아이들이 유치원이나 학교에서 돌아온 후 무엇을 하고 놀까, 오후 시간을 어떻게 보낼까

하는 걱정은 엄마라면 한 번쯤은 다 해봤을 거예요. 저 역시 둘째 때문에 고민을 많이 했답니다. 혼자 책 읽기를 즐기며 무던한 성격이었던 첫째와 달리 둘째는 성격이 예민하고 까다로워 늘 저에게 요구하는 것이 많았어요. 놀아달라, 같이 뭐 해달라는 아이의 요구에 응해주기는 하지만 아이가 하자는 대로 놀아주는 데는 한계가 있더라고요. 그래서 조금씩 아이가 좋아하는 활동 위주로 책 읽기와 독후 활동 놀이를 병행했어요. 그랬더니 아이가 스스로 책을 가져와서 독후 활동은 뭐할 거냐고 묻기도 하고 어떻게 하자고 제안을 하기에 이르렀습니다.

그렇게 몇 년 엄마표 놀이를 하다 보니 아이 스스로 무언가를 창의적으로 표현하는 힘이 생긴 것 같아요. 책을 읽고 나서 혼자서 책에 나오는 인물이나 물건을 만들어보기도 하고, 때로는 엄마가 참고하는 미술 놀이 책을 혼자서 독파한 후 여러 가지를 뚝딱 만들어내는 것을 보면 아이는 엄마의 생각보다 훨씬 빨리 자라는 것 같습니다. 이 책은 아이들이 어렸을 때부터 최근까지 저와 했던 수많은 활동 중 집에서 손쉽게 할 수 있는 놀이를 모아서 엮었습니다.

책을 쓰면서 감사한 분이 많습니다. 사진을 새로 찍어야 할 때면 투덜대지 않고 즐겁게 활동에 참여해준 우리 딸, 고마워! 자신의 사진이 많이 실리지 않는다고 섭섭해한 아들, 엄마 마음속에는 우리 아들의 어린 시절 모습이 다 담겨있단다! 책 쓰는 동안 집안일이며 아이들을 살뜰히 챙겨준 남편, 고마워요. 그리고 사랑합니다. 책을 낼 수 있게 용기를 주고 모자란 저의 원고 수정하느라 고생한 한빛라이프에 감사드립니다.

유치원의 누리과정과 초등학교 통합교과에 맞춰 이 책에 소개한 엄마표 놀이가 여러 엄마와 아이들에게 도움이 되기를 바랍니다.

류지원

 차례

머리말 …… 4
이 책을 보는 방법 …… 12
이 책에서 자주 사용하는 재료 …… 14
기본 종이 접기
01 삼각주머니 접기 …… 16
02 사각주머니 접기 …… 17
03 삼각형 모양 8등분 접기 …… 18
04 4쪽 책 접기 …… 19
05 4면 아이스크림 접기 …… 20
06 방석 접기 …… 20
07 새 접기 …… 21

 **봄에 하는 놀이**

01 색종이로 만드는 봄의 상징_색종이로 개나리 접기 … 24
02 봄의 들판에서 만나는 반가운 손님_색종이로 만드는 봄꽃 … 26
　활용 놀이) 스티커로 봄 들판 꾸미기
03 긴 겨울, 봄을 기다린 꽃_포스트잇으로 민들레 만들기 … 28
　활용 놀이) 색종이로 접어 만드는 민들레
04 봄봄봄, 봄을 노래해요_북 아트로 만드는 봄꽃 책 … 30
05 세상을 환하게 물들이는 꽃나무_빨대로 불어 그리는 매화 그림 & 사군자 병풍 … 32
　활용 놀이) 손가락으로 찍어 만드는 봄 그림 카드
06 열매가 쏙쏙!_색종이로 만드는 딸기 … 34
　활용 놀이) 깨가 쏙쏙 딸기 자석
07 봄 향기를 간직하는 방법_메타세쿼이아 팔찌 만들기 … 36
　활용 놀이) 메타세쿼이아 화관
08 봄이 입 속으로 쏙!_진달래 화전 만들기 … 38
　활용 놀이) 습자지로 만드는 철쭉
09 동물들은 어떻게 자랄까?_휴지심으로 만드는 동물의 한살이 책 … 40
　활용 놀이) 개구리 연못 꾸미기
10 짹짹, 알을 깨고 나온 아기 새_달걀 껍질로 만드는 새 … 42

활용 놀이) 공작을 그리는 세 가지 방법
11　봄 축제에서 만나는 반가운 곤충_셀로판지로 만드는 나비 … 44
　　　활용 놀이) 애벌레와 나비
12　주룩주룩 봄비가 오면 만나는 친구_커피 음료 뚜껑으로 만드는 달팽이 … 46
　　　활용 놀이) 쓱쓱 지워 그리는 파스텔 달팽이 그림
13　세상에 하나뿐인 봄 책_천으로 꾸며서 만드는 책 … 48
14　봄을 직접 만나요_습자지와 솜방울로 꾸미는 꽃밭 … 50
　　　활용 놀이) 키친타월에 그린 꽃밭
15　봄나들이의 추억_솜을 이용한 솜사탕 만들기 … 52
　　　활용 놀이) 달콤한 막대사탕 만들기

여름에 하는 놀이

01　여름의 시작을 알리는 꽃_커피 여과지로 만드는 장미 … 56
　　　활용 놀이) 잣나무 열매로 만드는 장미
02　한여름에 활짝 피는 꽃_습자지로 만드는 연꽃 … 58
　　　활용 놀이) 지끈으로 만드는 연꽃
03　해만 바라보는 여름 꽃_해바라기 퍼즐 그림 … 60
　　　활용 놀이) 반 고흐 액자
04　무궁화가 피었습니다_달걀판으로 만드는 무궁화 액자 … 62
05　깊은 바닷속에는 누가 살까_쿠킹포일로 만드는 물고기 그림 액자 … 64
　　　활용 놀이) 무지개 물고기 만들기
06　소중한 여름 추억을 담은 보물_색 모래와 자갈이 든 유리병 만들기 … 66
　　　활용 놀이) 조개껍질 목걸이
07　여름에는 새콤달콤 시원한 음료수가 최고!_레모네이드 만들기 … 68
　　　활용 놀이) 레몬 비밀 편지
08　까만 씨가 쏙쏙, 수박_수박 화채 만들기와 수박 종이 접기 … 70
　　　활용 놀이) 수박씨 그림
09　햇살 좋은 여름 날, 마음까지 깨끗하게!_빨래 책 만들기 … 72
10　여름이면 생각나요!_알록달록 아이스크림과 팥빙수 … 74
　　　활용 놀이) 색깔 아이스 바

11 쿡쿡 찍어 만드는 여름 나무_손바닥으로 그리는 여름 나무 … 76
　활용 놀이) 녹인 크레파스로 그리는 나무
12 바람아 바람아~_식용 색소로 그린 부채 … 78
　활용 놀이) 클로버 투명 부채 만들기
13 바닷가에서 담아온 추억으로 무얼 만들까?_조개껍질 모자이크 접시 … 80
　활용 놀이) 타일 조각 모자이크 만들기
14 따가운 햇살을 피하자_커피 음료 뚜껑 선글라스 … 82
　활용 놀이) 여름 모자 만들기
15 건강한 여름, 골고루 먹자_색깔 샌드위치 책 … 84

 봄·여름에 할 수 있는 다른 놀이

01 나는 나야!_손거울 책 만들기 … 88
02 내 몸에 대해 알아봐요_마법 손전등 만들기 … 90
　활용 놀이) 할핀으로 뼈 인형 만들기
03 걱정을 없애주는 내 친구_걱정 인형 만들기 … 92
04 선생님, 고맙습니다!_고사리손으로 직접 그리고 꾸미는 카드와 선물 포장 … 94
05 감사의 마음을 전해요_꽃다발 팝업 카드 만들기 … 96
06 감사의 달에 어울리는 꽃을 만들어요_카네이션 화분 만들기 … 98
07 엄마 아빠 전화번호가 뭐지?_핸드폰 책 만들기 … 100
08 우리 가족을 소개합니다_나무 막대 가족 액자 만들기 … 102
　활용 놀이) 나무 도마 사진 갤러리
09 내 친구를 소개합니다_요구르트 통으로 친구 인형 만들기 … 104
10 우리 마을 구경 하실래요?_종이상자로 우리 동네 만들기 … 106

 가을에 하는 놀이

01 가을 들판을 장식하는 반가운 얼굴_색종이와 단추로 꾸미는 코스모스 … 110
　활용 놀이) 번지기 기법으로 그리는 코스모스
02 알싸한 가을의 향기_리본으로 국화꽃 만들기 … 112

　　　활용 놀이) 빵 끈 국화꽃
03 빨갛게 노랗게 변신하는 가을 나무_나뭇잎 모양 가을 속담 책 만들기 … 114
04 가을은 가을은 노란색, 은행잎을 보세요~_지끈으로 꾸미는 가을 풍경 … 116
　　　활용 놀이) 나뭇잎 카드
05 가을의 낭만을 즐기는 시화전_종이접시에 꾸미는 동시 액자 … 118
06 우리 집에 찾아온 가을 손님_커피 여과지로 만드는 가을 나무 … 120
　　　활용 놀이) 성냥과 커피 여과지로 만드는 알록달록 가을 나무
07 이리저리 돌려서 맞추는 내 손 안의 가을_단어 큐브 만들기 … 122
　　　활용 놀이) 나무 막대 가을 퍼즐
08 가을을 요리해요_견과류 타르트 만들기 … 124
　　　활용 놀이) 감말랭이 크림치즈 카나페
09 세상에 하나뿐인 글자 놀이_사과의 모든 것을 담은 애플 랩북 만들기 … 126
10 생각만 해도 침이 꼴깍!_맛있는 과일 바구니 … 128
11 자연의 색으로 그림을 그려요_가을 그림 족자 만들기 … 130
12 조각조각 이어 붙인 멋진 가을_사포 그림 그리기 … 132
13 거미가 줄을 타고 올라갑니다~_바느질로 거미줄 만들기 … 134
　　　활용 놀이) 자연물을 이용한 거미줄 모빌 만들기
14 장바구니 들고 가을 장터로 가자_재활용품을 활용한 과일 바구니 … 136
15 반짝반짝 아름다운 밤하늘_가을 별자리 전등 만들기 … 138
　　　활용 놀이) 야광 별자리 스티커 붙이기

 겨울에 하는 놀이

01 수리수리 마수리, 눈이 내린다_정전기를 이용한 스노 글로브 만들기 … 142
02 소금 눈 내리는 마을_메탄올을 이용해서 녹지 않는 눈 만들기 … 144
　　　활용 놀이) 기름과 물로 만드는 스노 글로브
03 우리 집에 찾아온 겨울 손님_기저귀로 꼬마 눈사람 만들기 … 146
04 겨울 최고의 간식을 찾아라_붕어빵 가게 놀이 … 148
05 알록달록 색깔 눈이 내리는 겨울_종이를 구겨 겨울 하늘 표현하기 … 150

06 겨울이면 한마음으로 기다려지는 날_소금으로 표현하는 첫눈 … 152
　　활용 놀이) 천에 그리는 눈꽃
07 세상에서 가장 달콤한 눈사람_고구마와 과자를 이용한 눈사람 요리 … 154
08 따끈한 차가 생각날 때_털실 컵 받침 만들기 … 156
09 하얀 눈으로 덮인 마을을 만들어요_털실 겨울 액자 만들기 … 158
　　활용 놀이) 보들보들 털실 매트
10 솔방울 꽃이 피었습니다_자연물 가습기 만들기 … 160
11 추운 겨울, 나를 지켜주는 친구_머리띠로 만드는 귀마개 … 162
12 새콤달콤 귤로 뭘 만들까?_귤 껍질 핫팩 & 방향제 만들기 … 164
13 차가워진 발을 포근하게 감싸줘요_펠트지 슬리퍼 만들기 … 166
14 한 해가 가면 새로운 띠의 해가 시작돼요_열두 띠 동물 미니북 만들기 … 168
15 겨울 밤 옛이야기의 신비로운 주인공 _종이컵 용 만들기 … 170
　　활용 놀이) 휴지심 동물 만들기

6장 크리스마스 놀이

01 하얀 눈꽃으로 반짝이는 트리_도일리페이퍼로 눈꽃 접기 … 174
　　활용 놀이) 색종이로 눈꽃 접기
02 산타 할아버지, 감사합니다_병에 담은 편지 … 176
03 크리스마스가 내 손 안에 있어요_골판지로 만드는 미니 크리스마스트리 … 178
　　활용 놀이) 펄러 비즈로 만드는 입체 크리스마스트리
04 친구야, 메리 크리스마스!_친구에게 보내는 크리스마스 팝업 카드 … 180
05 알록달록 트리 장식으로 집 안을 꾸며요_러블리 병뚜껑 오너먼트 만들기 … 182
　　활용 놀이) 솜방울 & 스팽글 오너먼트
06 종이로 크리스마스트리를 꾸며보자_색종이 & 허니컴 종이 오너먼트 … 184
07 방문에 딱 어울리는 겨울 장식_자연물 리스 만들기 … 186
　　활용 놀이) 동글동글 펠트 & 솜방울 리스

7장 가을·겨울에 할 수 있는 다른 놀이

01 한가위, 설날에는 장을 보러 가요_전단지 냉장고 만들기 … 190
　활용 놀이) 책 커버로 만드는 쇼핑백

02 우리나라는 어떤 모양일까?_펄러 비즈로 지도 만들기 … 192
　활용 놀이) 지도 포스터를 이용한 우리나라 지도 퍼즐

03 우주의 이치를 품고 있는 우리나라 국기_퍼니콘 태극기 & 색종이 태극기 만들기 … 194

04 조각조각마다 자연의 색이 물들었어요_천연염색 조각보 만들기 … 196
　활용 놀이) 한지를 이용한 전통 조각보 모양 꾸미기

05 뱅글뱅글 돌아라, 돌아_골판지 팽이 만들기 … 198
　활용 놀이) 휴지심 쥐불놀이

06 알록달록 무지개를 닮은 우리 먹거리_점토 다식 만들기 … 200

07 구멍이 몇 개? 야광귀신이 못 세는 체_마끈 체 만들기 … 202

08 우리 조상들은 어떤 무늬를 가장 많이 그렸을까_CD케이스로 전통 문양 책 만들기 … 204

09 주렁주렁 흥부네 집에 박이 열렸습니다_찰흙으로 만드는 초가집 … 206

10 차곡차곡 쌓아올려 만들어요_퍼니콘으로 만드는 기와집 … 208
　활용 놀이) 다양한 집 모양의 미니북

11 에헴, 나도 양반이 되어 볼까?_전통 탈 액자 만들기 … 210

12 책 속 나라로 여행을 떠나요_종이상자로 여행 가방 만들기 … 212

13 꽃의 나라, 네덜란드_튤립 책 만들기 … 214

14 과거와 현대가 어우러진 도시, 프랑스 파리_와이어 에펠탑 만들기 … 216

15 인디언이 살던 나라, 캐나다_티피 & 토템폴 만들기 … 218

16 멋진 볼거리가 가득한 나라, 영국_우유갑으로 이층버스 만들기 … 220

17 자유의 나라, 미국_위인 팝 아트 초상화 그리기 … 222

18 다양한 먹거리의 나라, 이탈리아_만두피로 미니 피자 만들기 … 224
　활용 놀이) 스파게티로 표현하는 얼굴

19 힌두교의 나라, 인도_락키 팔찌 만들기 … 226

20 신기한 인형의 나라, 러시아_마트료시카 책 만들기 … 228

이 책을 보는 방법

누리과정은 우리나라 만 3~5세 어린이들이 꿈과 희망을 마음껏 누릴 수 있도록 국가가 공정한 교육 기회를 보장하기 위해 제공하는 교육 과정을 말합니다. 유치원, 어린이집 구분없이 동일한 내용을 배우게 되지요. 어린이집과 유치원에서 배운 내용은 초등학교에 들어가면 통합교과로 이어져 같은 주제에 대해 더 깊이 배우게 됩니다. 아이들 사고력의 확장에도 도움이 되지요.

이 책에는 아이가 어린이집이나 유치원, 학교에 갔다 온 오후 시간, 어떻게 놀아줘야 할지 막막한 엄마들이 보고 따라할 수 있는 145개의 활동(주요 놀이 97개 + 활용 놀이 48개)이 있습니다.

활동 주제와 관련된 도서를 확인해보세요. 아이와 활동 전, 활동 후에 주제 관련 도서를 읽으면 아이의 사고가 확장되어 더 다양한 놀이를 할 수 있어요.

활동에 필요한 준비물을 미리 준비해 놓으면 활동에 집중할 수 있어요.

09 휴지심으로 만드는 동물의 한살이 책
동물들은 어떻게 자랄까?

■ **주제 관련 도서**
연못 이야기(봄 여름 가을 겨울)/조이스 시드먼/웅진주니어,
개구리네 한솥밥/백석/보림,
개구리가 알을 낳았어/이성실/다섯수레,
올챙이 뒷다리가 쏙/주디스 앤더슨/상상스쿨,
개구리 왕자/최은규/대교출판

▲ **준비물**
휴지심, 양면 색상지, 물감, 꾸미기 눈알, 여러 가지 스티커, 풀, 가위, 한살이 그림 자료

유치원 누리과정과 초등 1~2학년의 통합교과에는 동물의 한살이를 는 내용이 있습니다. 한살이라는 용어가 아이들에게는 생소하지만 동른이 될 때까지의 과정을 책으로 살펴보고 이야기를 나누다 보면 아이태어나서 커가는 자연의 이치가 있고 모든 생명이 소중하다는 것을 깨달의 한살이뿐만 아니라 봄이 되면 긴 겨울잠에서 깨어나는 동물들에 대기를 나누어보면 더 좋습니다.

040

사진과 설명을 함께 보면 이해하기 쉽습니다. 과정 설명을 먼저 보고 포인트가 되는 부분은 사진을 참고하세요.

중심 활동과 연관지어 할 수 있는 활용 놀이를 소개합니다. 주제나 준비물이 비슷한 다른 활동을 더 해볼 수 있어 좋아요.

1. 가위로 휴지심 중간에 직사각형 구멍을 만듭니다.

2. 물감으로 휴지심을 칠합니다. 이때 휴지심에 나무젓가락을 붙여서 칠하면 편합니다.

한살이 그림 자료가 없으면 직접 그리면 됩니다. 아이가 그리기 힘든 경우에는 엄마가 도와주세요.

3. 휴지심보다 조금 더 큰 크기로 색상지를 자릅니다.

4. 색상지에 한살이 자료를 붙인 후 원기둥 모양으로 말아 붙여 휴지심 안에 넣습니다.

개구리 연못 꾸미기
손가락으로 연못 바탕을 색칠하고 종이 접기, 스티커 붙이기, 종이 찢어 붙이기 등을 이용해서 나만의 연못을 만들어 봅시다. 만드는 과정에서 아이들이 스스로 개구리의 한살이에 대해 깨우치게 됩니다.

5. 꾸미기 재료로 날개, 다리, 더듬이 등을 만들어 완성합니다.

6. 속지에 한살이 대신 재미있는 표정을 그려 따라해보면서 즐거운 시간을 보내도 좋아요.

휴지심이 없으면 마분지를 원기둥 모양으로 만들어 사용해도 됩니다.

준비물 : 색종이, 물감, 스티커, 스케치북, 가위, 풀

한살이 자료 검색어 — life cycle of frog, life cycle of butterfly, life cycle of ladybug 등

041

활동에 필요한 자료를 검색할 때 편리하게 자료를 찾을 수 있도록 관련 검색어를 소개합니다. 저자의 블로그에서 찾을 수 있는 것과 일반 검색으로 찾을 수 있는 것을 구분해뒀어요.

013

이 책에서 자주 사용하는 재료

이 책에 나오는 놀이에 필요한 재료 중 자주 쓰이는 재료를 정리해봤습니다. 집에 구비해두면 미술 놀이나 독후 활동에 아주 유용합니다.

● 기본 재료
가위, 풀, 자, 목공용 풀, 니스, 투명테이프, 펀치, 칼, 송곳, 스테이플러
기본 재료들은 뾰족하거나 날카로운 것을 제외하고는 아이들용으로 한 세트, 엄마용으로 한 세트를 구비해두면 좋아요.

● 종이 재료
종이류: 양면 색상지, 머메이드지, 크라프트지, 도화지, 스케치북, 습자지, 주름지, 색골판지, 띠골판지
색종이: 양면(단면) 색종이, 학 접기용 색종이, 무늬 색종이, 스티커 색종이, 한지 색종이, 염색용 색종이
종이 재료들은 대형 마트나 문구점에서도 쉽게 구할 수 있어요. 다양한 색상을 여러 장 묶어서 저렴하게 나오는 제품도 많습니다.

● 그리기 재료
크레파스, 파스넷, 색연필, 수채화물감, 아크릴물감, 포스터컬러, 파스텔, 사인펜, 네임펜, 매직펜
아이가 어리면 크레파스보다 쉽게 그려지는 파스넷이 무척 유용합니다. 색연필은 돌려서 쓰는 샤프식이 좋아요. 수채화물감은 종이에 쉽게 그릴 수 있지만 물에 잘 지워지는 반면 아크릴물감은 묻으면 잘 지워지지 않지만 플라스틱이나 스티로폼 등에 채색하기 좋습니다. 파스텔은 잘 묻어나는 성질이 있어 문질러 칠할 때 사용하기 편해요.

● 만들기·꾸미기 재료
스티로폼 공, 지점토·찰흙·클레이, 수수깡, 꾸미기 단추, 꾸미기 눈알, 모루, 리본, 스티커, 반짝이, 펠트지, 공예용 와이어, 빵 끈
만들기 재료들은 문구점의 꾸미기 재료 코너에 가면 쉽게 소량으로 포장된 것을 쉽게 구입할 수 있어요.

● 재활용품과 자연물 재료
재활용품: 종이상자, 우유갑(음료수갑), 유리병, 요거트 통, 요구르트 통, 종이 달걀판, 빨대, 나무젓가락
자연물재료: 나뭇가지, 솔방울, 잣나무 열매, 메타세쿼이아 열매, 치자 같은 자연물 염색 재료
재활용품은 깨끗이 씻어 말려두었다 사용하고, 자연물 재료들은 아이들과 산책할 때 하나둘 모아두면 유용합니다. 자연물 염색 재료는 인터넷 문구점에서 판매합니다.

● 알아두면 만들기의 완성도가 높아지는 특별한 재료들
글루건: 무게가 있는 재료를 붙일 때 사용하면 좋습니다. 하지만 열을 이용하는 도구라 화상의 위험이 있으니 주의해주세요. 직경이 7mm면 적당합니다.

할핀: 구멍을 뚫고 끼우면 다양한 표현이 가능합니다. 일반 문구점에서도 쉽게 구할 수 있어요. 1~5cm까지 길이가 다양해요.

눈꽃 모양 펀치: 큰 문구점이나 천 원짜리 용품을 파는 곳에 가면 여러 모양의 펀치를 구할 수 있습니다. 눈꽃 모양 펀치는 겨울 활동 때 많이 활용됩니다.

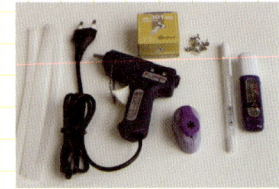

수정펜, 흰색 젤리볼펜 : 만들기 활동 중 바탕 종이가 검정일 때 수정펜이나 흰색 젤리볼펜으로 그림을 그리거나 글자를 쓰면 눈에 잘 띄어 유용합니다.

지끈과 마끈 : 지끈은 종이를 꼬아서 만든 것으로, 지끈을 그대로 엮어서 작품을 만들기도 하고 꼰 것을 풀어서 자르거나 찢어서 쓸 수 있습니다. 마끈은 포장용으로 많이 쓰며 새끼줄 같은 느낌이라 굵은 실을 대신할 때 쓰면 좋아요.

둥근 색종이 : 색종이를 둥글게 자르지 않아도 다양한 크기의 원 모양 색종이를 구할 수 있어요.

허니컴 종이: 벌집 모양의 종이로 한쪽 면과 다른 면을 맞닿도록 펼치면 예쁜 모양을 만들 수 있어요.

음료 슬리브 : 음료 슬리브는 찢거나 펼쳐서 사용합니다. 안쪽이 골판지로 되어 있고 좀 두꺼운 편이라 미술 놀이에 이용하면 좋습니다.

커피 스틱·커피 음료 뚜껑 : 커피 스틱은 납작하고 얇아서 잘라서 붙여 만들기 좋아요. 작게 잘라 그림이나 글자를 표현해도 좋고 다양한 입체 표현도 가능해요. 커피 음료 뚜껑은 속이 보여서 투명한 부분에 그림을 그리거나 꾸며서 다양한 만들기를 할 수 있습니다.

그리기 나무(천연나무 조각) : 얇게 자른 나무 조각으로 크기가 다양하며 구멍이 뚫린 것과 뚫리지 않은 것이 있습니다. 그림을 그리거나 꾸며서 다양한 표현이 가능합니다.

비즈 블록과 퍼니콘 : 비즈 블록은 2mm의 작은 블록을 판에 끼워서 다림질해서 완성하는 블록으로, 블록 전용판도 함께 구매해야 이용할 수 있습니다. 아이들의 소근육 발달, 집중력 키우기에 좋은 놀잇감으로, '펄러 비즈'를 일반적으로 많이 사용합니다. 제조사가 다르면 다림질할 때 녹는 정도가 달라서 작품이 예쁘게 나오지 않으니 되도록 같은 제조사의 제품으로 구입하세요. 퍼니콘(플레이콘)은 접착제 없이 물만 묻혀서 사용할 수 있기 때문에 다양한 조형 활동에 활용할 수 있어요.

솜방울 : 폼폼이라고도 불리는 솜방울은 크기와 색깔이 다양해서 꾸미기 재료로 쓰면 좋습니다.

스팽글 : 다양한 모양이 혼합되어 있는 것을 구매하면 두고두고 꾸미기에 쓸 수 있어요.

나무 막대와 색깔 성냥 : 나무 막대는 색깔이 있는 것과 없는 것이 있고 홈이 파여 있는 것도 있습니다. 액자 틀이나 각종 만들기에 유용하게 쓰입니다. 색깔 성냥 스틱은 글자 놀이에 활용하기 좋고 미술 놀이에 쓰면 특별한 재료가 될 거예요.

기본 종이 접기

01
삼각주머니 접기

삼각형 모양이 나오게 대각선 방향으로 두 번 접어줍니다.

뒤집어서 직사각형 모양으로 한 번 접어줍니다.

사각형의 중심부를 손으로 누르면 양쪽 옆이 안으로 접혀 들어갑니다.

손톱 끝이나 가위손잡이 등으로 접힌 부분을 눌러줍니다.

02
사각주머니 접기

1. 종이를 우선 한쪽으로 반을 접고 다시 반대 방향으로 반을 접습니다.

2. 뒤집어서 대각선 방향으로 접어서 큰 삼각형 모양을 만들어주세요.

3. 펼쳐서 대각선 방향으로 접힌 부분을 안쪽으로 밀어 넣습니다.

4. 손톱 끝이나 가위손잡이 등으로 접힌 부분을 눌러줍니다.

03
삼각형 모양 8등분 접기

종이를 대각선 방향으로 접어 삼각형을 만듭니다.

다시 반으로 접어 작은 삼각형을 만듭니다.

다시 반으로 접습니다.

접었다 펼치면 삼각형 모양으로 8등분이 됩니다.

04
4쪽 책 접기

양면 색상지를 먼저 가로로 반으로 접었다 편 후 다시 세로로 반으로 접었다 폅니다.

윗부분의 세로선을 가위로 잘라주고, 자른 부분이 있는 위쪽 종이를 아래로 접어 내립니다.

종이를 뒤집어서 가위로 오리지 않은 부분(●)을 풀칠해서 붙여줍니다.

4쪽 책이 완성됩니다.

가로와 세로의 길이를 달리하면 다른 느낌의 4쪽 책을 만들 수 있어요.

05

4면 아이스크림 접기

1
사각주머니 접기를 끝낸 종이를 마름모꼴로 둔 상태에서 중심선을 눌러 세워줍니다.

2
세운 부분을 누르면서 양쪽으로 펼쳐 삼각형이 나오게 접어줍니다.

3
1, 2의 방법으로 4면을 모두 접어줍니다.

06

방석 접기

1
종이를 가로로 한 번, 세로로 한 번 접어서 4등분합니다.

2
종이의 모서리가 중심에 닿도록 접어줍니다.

3
4면 모두 중심으로 접어주면 방석 접기가 완성됩니다.

07
새 접기

1
색종이를 대각선으로 한 번 접어 삼각형을 만들어줍니다.

2
색종이를 반 조금 안되게 위로 접어 올려 배모양을 만듭니다.

3
뒤집어서 한 장만 아랫부분을 1cm 가량 남기고 접어 내립니다.

4
3의 종이를 왼쪽으로 접습니다.

5
3의 왼쪽 부분을 비스듬히 접어 올립니다. 뒤집어서 반대쪽도 똑같이 접으면 새 날개가 만들어집니다.

6
한쪽 끝을 안으로 접어 넣어 부리를 만들어줍니다.

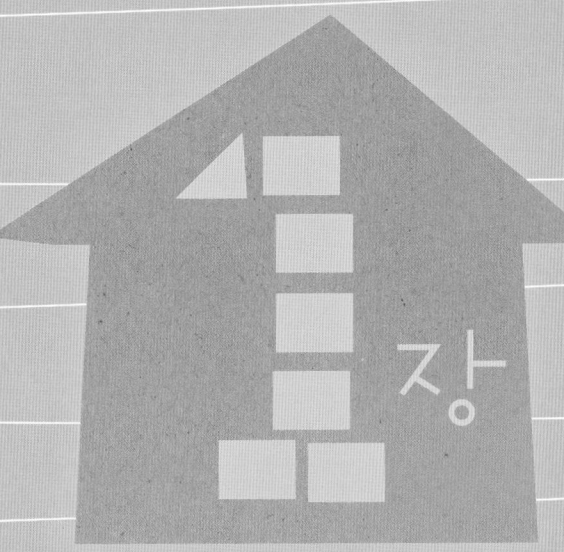

봄에 하는 놀이

봄은 유치원 생활이 새롭게 시작되는 계절입니다. 아이들은 3월 한 달 동안 새로운 친구들, 선생님과 친해지고 난 뒤 4월에 들어서면 확연히 달라진 봄의 날씨를 느끼며 봄에 관련된 활동을 많이 하게 됩니다. 반면 엄마는 새로운 환경에 아이가 잘 적응할지 걱정이 많은 계절이지요. 하지만 아이가 즐겁게 유치원 생활에 적응하는 것을 보며 안심하는 한편 그동안 놓치고 있던 봄이 떠올라 마음이 바빠집니다. 긴 겨울 산으로 들로 아이들과 다니지 못해 답답하던 마음이 따뜻한 바람이 코끝을 간질이는 봄이 되면 혼자 마구 달려나갑니다. 아이들 역시 따뜻한 봄바람이 불면 밖으로 나가자고 엄마를 조르곤 합니다. 화창한 봄날, 가까운 곳으로 산책을 나가보세요. 봄이 주는 따뜻한 색들로 아이들의 얼굴이 한껏 상기되는 모습을 볼 수 있을 거예요. 산책길에 만나는 봄의 풍경을 눈에, 가슴에 한껏 담아보세요. 집에 돌아와선 아이들과 손끝으로 봄과 관련된 것들을 함께 만들며 산책길의 풍경에 대해 도란도란 이야기를 나누어보는 거예요. 그런 다음 아이의 손때가 묻은 작품으로 집 안 곳곳을 장식해보면 어떨까요? 때로는 유치원에서 만들어오는 작품들과 함께 전시해보세요. 자신의 작품이 집 안 곳곳에 장식되어 있는 것을 보면 아이의 입가에 흐뭇한 미소가 걸릴 거예요.

01 색종이로 개나리 접기
색종이로 만드는 봄의 상징

- **주제 관련 도서**
  울긋불긋 개나리와 진달래/강시호/한국 헤밍웨이,
  꽃장수/이태준/키즈엠,
  겨울눈아 봄꽃들아/이제호/한림출판사,
  개나리가 호호호 찬바람이 쌩쌩/이상교/뜨인돌

- **준비물**
  노란 양면 색종이 여러 장
  (색종이 사이즈 7.5x7.5cm),
  한쪽을 자른 면봉 여러 개, 사인펜(노란색, 갈색), 글루건,
  나뭇가지 조금, 음료수 병

봄이 왔음을 우리에게 가장 먼저 알려주는 꽃은 무얼까요? 목련과 개나리, 진달래는 모두 잎이 나기 전 꽃이 먼저 활짝 피어 봄의 시작을 알려주지요. 아이들과 산책하다 온 세상을 색색으로 물들이는 꽃들을 살펴보고 봄에 대해 이야기를 나눠보면 어떨까요? 집에 돌아와서 산책하며 본 봄꽃을 아이들과 함께 조물조물 만들다 보면 산책하며 미처 다 나누지 못했던 이야기보따리들을 펼쳐볼 수 있답니다. 색종이로 봄의 시작을 알려주는 개나리를 접으며 아이들과 이야기꽃을 피워보세요.

노란 색종이로 '4면 아이스크림 접기'를 합니다.

한 면의 양쪽 끝을 중심선에 맞게 안으로 접어줍니다. 4면 모두 접어주세요.

위쪽 끝 부분을 모두 바깥으로 꺾어서 접어주면 개나리가 완성됩니다.

한쪽을 자른 면봉 솜 부분을 노란색 사인펜으로 칠한 다음 3의 개나리 안에 넣어줍니다.

테이프로 면봉과 색종이가 분리되지 않게 잘 감싼 다음 면봉의 막대 부분을 갈색 사인펜으로 칠해줍니다.

먹고 난 음료수 병에 나뭇가지를 꽂아두고 완성한 개나리를 글루건으로 붙여줍니다.

> 솔방울이나 메타세쿼이아 열매를 같이 붙여주면 더 멋스러워요.
>
> 아이들과 봄과 관련된 동요를 같이 부르면서 활동하면 더 좋습니다.
>
> 15x15cm 색종이를 4등분해서 써도 됩니다.

02 색종이로 만드는 봄꽃
봄의 들판에서 만나는 반가운 손님

■ 주제 관련 도서
들꽃이 핍니다/김근희/한솔수북,
나의 첫 들꽃 이야기/마르고트 차페/주니어김영사,
봄 여름 가을 겨울 식물도감/윤주복/진선아이,
들꽃 아이/임길택/길벗어린이

■ 준비물
학 접기용 색종이(여러 가지 색),
한쪽을 자른 면봉 여러 개, 사인펜, 빈 요거트 통,
색 모래 조금, 가위, 풀

봄에 아이들을 데리고 산책을 하다 보면 "엄마, 이건 무슨 꽃이야? 엄마, 이건 이름이 뭐야?"라는 아이들의 질문에 난감할 때가 많습니다. "음, 엄마도 모르겠는데, 집에 가서 함께 식물도감 찾아볼까?" 하고 돌아서지만 가끔은 저도 이렇게 예쁜 들꽃의 이름을 모르는 게 아쉽기도 합니다. 봄 들판에 아주 작은 하얀색 꽃이 소복이 피어 있는 걸 종종 볼 수 있는데요, 봄맞이꽃이라는 들꽃입니다. 봄을 맞이한다 하여 붙인 이름이에요. 봄맞이꽃이 아니더라도 봄나들이 후 집에 돌아오면 아이들과 관련 책에서 식물의 이름을 알아보고 함께 만들어보는 건 어떨까요? 늘 보는 꽃에도 어여쁜 이름이 있고, 그 이름마다 의미가 있다는 것을 알 수 있는 소중한 시간이 될 거예요.

학 접기용 색종이 대신
일반 종이를 정사각형으로
잘라 써도 됩니다.

1. '삼각형 모양 8등분 접기'를 끝낸 색종이를 모아서 끝 부분을 아이스크림 모양으로 동그랗게 잘라줍니다.

2. 자르고 나서 펼치면 잎이 8장인 꽃 모양이 됩니다.

3. 꽃잎 8장 중 1장을 잘라냅니다.

4. 잘라낸 꽃잎의 양쪽에 있는 꽃잎을 겹쳐서 풀로 붙이면 꽃잎이 6장이 됩니다.

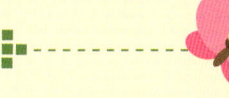

스티커로 봄 들판 꾸미기

스티커는 아이들이 가장 좋아하는 놀이 재료 중 하나입니다. 원형 라벨 스티커, 하트 모양 스티커 등 집에 있는 다양한 스티커를 이용해서 아이와 함께 들꽃이 활짝 핀 봄 들판을 꾸며보세요.

5. 사인펜을 이용해서 면봉의 솜 부분과 막대 부분을 칠해줍니다. 초록 색종이를 잘라 잎을 준비합니다.

6. 꽃잎 한가운데 면봉 두께만큼 구멍을 뚫어 구멍에 걸리게 면봉을 집어넣습니다. 잘라둔 잎을 면봉 대에 붙이면 봄맞이꽃이 완성됩니다. 빈 요거트 통에 색 모래를 채우고 꽃을 꽂으면 봄맞이꽃 화분이 됩니다.

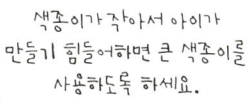

준비물:
여러 종류의 스티커,
도화지, 색연필, 사인펜

색종이가 작아서 아이가
만들기 힘들어하면 큰 색종이를
사용하도록 하세요.

03 포스트잇으로 민들레 만들기
긴 겨울, 봄을 기다린 꽃

■ **주제 관련 도서**
강아지똥/권정생/길벗어린이,
민들레는 민들레/김장성/이야기꽃,
민들레 친구들/미루아루/고인돌,
민들레와 애벌레/김근희/휴먼어린이

■ **준비물**
휴지심, 포스트잇, 초록 양면 색종이,
초록 굵은 빨대, 글루건,
풀, 가위, 꽃 모양 스팽글

 봄이 되면 곳곳에서 흔히 볼 수 있으면서도 아이들이 좋아하는 봄꽃이 바로 민들레예요. 민들레로 반지를 만들어 아이들 손에 끼워주고 홀씨를 아이들과 함께 후후 불다 보면 어른들도 어느새 아이처럼 봄을 즐기고 있는 모습을 발견할 수 있습니다. 아이들과 자연을 벗삼아 다니다 보면 책을 읽을 때도 예전엔 깨닫지 못했던 사실들을 발견하곤 합니다. 엄마도 아이 못지 않게 새로운 지식이 주는 즐거움에 눈뜨게 되지요.
 흙삽으로 민들레를 뿌리째 한번 뽑아보세요. 아이들과 함께 직접 파보면 땅속 깊이 뿌리를 박고 긴긴 겨울을 이겨낸 민들레가 특별해보일 거예요. 민들레의 뿌리가 상하지 않게 다시 흙에 심어주는 것도 아이들과 함께 해보세요.

1. 휴지심을 반으로 자르고 초록 색종이를 풀로 붙여줍니다. 한쪽 끝에 가위집을 5~6군데 낸 다음 사진과 같이 접어줍니다.

2. 구멍이 보이지 않게 초록 색종이를 붙여줍니다. 그 위에 꽃 모양 스팽글을 글루건으로 붙이면 꽃받침이 만들어집니다.

스팽글이 없다면 초록 색종이를 좀 더 두껍게 덧대어도 됩니다.

아이가 어떻게 붙이느냐에 따라서 풍성해지기도 하고 오므린 꽃 모양이 나오기도 합니다. 아침 저녁 모양이 달라지는 꽃에 대해서도 이야기해보세요.

3. 포스트잇을 하나씩 떼서 휴지심 안쪽부터 붙여나갑니다. 안쪽에 한 줄, 바깥쪽에 두 줄 정도 붙이면 풍성한 꽃잎 효과를 낼 수 있어요.

4. 초록 빨대 끝을 가늘게 잘라서 밖으로 펼칩니다.

5. 초록 색종이를 접어서 잘라 잎을 만들어줍니다. 민들레의 잎 모양을 잘 모르면 책에서 찾아 똑같이 따라 잘라줘도 좋아요.

6. 글루건을 이용해서 빨대를 완성한 꽃에 붙이고, 색종이로 만든 잎을 빨대에 붙여줍니다. 집에 있는 소품을 이용해서 화분처럼 연출하면 장식품으로 활용할 수도 있어요.

포스트잇이 없으면 색종이를 길게 잘라 풀로 붙여서 만들어도 좋아요.

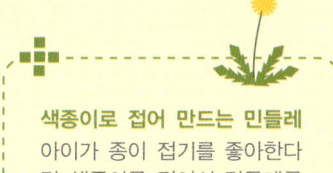

색종이로 접어 만드는 민들레
아이가 종이 접기를 좋아한다면 색종이를 접어서 민들레를 만들어도 좋아요.

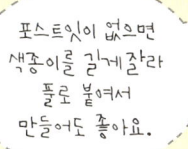

민들레 종이 접기 블로그 검색어 — 민들레

04 북 아트로 만드는 봄꽃 책
봄봄봄, 봄을 노래해요

■ **주제 관련 도서**
나, 꽃으로 태어났어/엠마 줄리아니/비룡소,
꽃이 핀다/백지혜/보림,
꽃이랑 소리로 배우는 훈민정음 ㄱㄴㄷ/바람하늘지기,
노정임/웃는돌고래

■ **준비물**
꽃 모양 책(두꺼운 백상지나 도화지를
이용해서 출력), 봄꽃 사진 자료, 가위,
풀, 색연필이나 사인펜, 연필, 지우개

아이들과 함께 부르면 좋을 봄노래는 뭐가 있을까요? 유치원에서 배우는 '예쁘지 않은 꽃은 없다'라는 노래는 초등 1학년 통합교과 〈봄〉에도 수록되어 있어요.
'꽃은 참 예쁘다. 풀꽃도 예쁘다. 이 꽃 저 꽃, 저 꽃 이 꽃 예쁘지 않은 꽃은 없다.'
참 간단한 노랫말이지만 이 노래는 참 많은 의미를 담고 있는 것 같습니다.
아이들과 노래를 부르며 봄꽃 이름을 알아보면 어떨까요? 봄꽃 책을 만들어보면 작은 책이지만 스스로 만들었다는 기쁨에 고이 간직하며 생각날 때마다 들춰보는 아이의 모습을 볼 수 있을 거예요.

준비해둔 자료는 활동 시작 전에 꺼내서 보여주지 않습니다. 아이들은 활동 전에 재료를 보게 되면 엄마와 하는 활동에 집중하지 않을 수 있어요.

꽃 모양 책은 출력하여 미리 잘라두고, 봄꽃 사진 자료도 준비해둡니다.

자료를 살펴보기 전 엄마와 봄꽃에는 어떤 것이 있는지 미리 이야기 나눕니다. 그 후 출력해둔 봄꽃 자료를 살펴보며 봄에 피는 꽃들의 이름을 알아봐요.

아이들마다 좋아하는 꽃은 다 다릅니다. 색깔이 마음에 들어서, 이름이 독특하다고 고를 수도 있습니다. 아이가 선택한 꽃들에 대해서 멋진 생각이라 호응해주고 창의적인 발상을 할 때마다 칭찬해주세요. 아이들과 만들기를 할 때는 만들기 과정 자체도 중요하지만 그 과정에서 아이의 이야기에 엄마가 공감하고 칭찬해주는 것이 중요하답니다.

자료 중 마음에 드는 봄꽃을 6개 고른 후 꽃을 선택한 이유에 대해 이야기를 나눕니다. 그 다음 자신이 고른 꽃들을 직접 잘라줍니다. 아이가 어리면 엄마가 도와주세요.

자른 꽃을 책의 꽃잎 모양 자리에 붙이고 꽃의 이름도 적어봅니다. '예쁘지 않은 꽃은 없다' 노래를 같이 부르며 가사를 책에 적습니다. 글씨를 쓰지 못하는 유아는 엄마가 대신 써주세요.

꽃잎 모양을 하나씩 접어서 속으로 넣어줍니다.

꽃 중심에 책의 제목을 적어주면 봄꽃 책이 완성됩니다.

유튜브에서 '예쁘지 않은 꽃은 없다'를 검색해보면 예쁜 화면과 가사가 나오는 동영상을 찾을 수 있어요.

꽃 모양 책 자료 블로그 검색어 ▶ 봄꽃 책

05 세상을 환하게 물들이는 꽃나무
빨대로 불어 그리는 매화 그림 & 사군자 병풍

■ **주제 관련 도서**
봄을 찾은 할아버지/한태희/한림출판사,
봄을 담아요/김복희/대교출판,
꽃마중/이해경/미세기,
여울이의 미술관 나들이/백미숙/키즈엠

■ **준비물**
빨대, 먹물, 물감(흰색, 빨간색),
붓, 도화지 또는 화선지,
검정 색지, 가위, 풀

먹물은 문구점에서 구입해도 되고 벼루에 먹을 갈아서 쓰거나 검정 물감을 대신 사용해도 됩니다.

매화꽃은 보통 3월에 펴서 5~6월에 열매를 맺지요. 이른 봄에 피는 꽃 중의 하나로 가끔은 눈 속에서 피기도 합니다. 옛 선비들은 언땅에서도 굳은 기개로 피어나고 그 향이 은은해서 매화를 각별히 아꼈고, 그림으로도 많이 남겼습니다.

아이들과 함께 따뜻한 봄이 빨리 오기를 기다리는 마음을 담아 빨대로 후후 불어서 나무 가득 매화꽃을 피워보고 사군자 병풍도 만들어보아요.

1. 흰 도화지에 빨대를 이용해서 먹물을 후후 불어 나무 기둥과 줄기를 표현합니다.

2. 빨간색과 흰색 물감을 섞어서 분홍색을 만들어줍니다. 그런 다음 붓으로 콕콕 찍어 매화꽃을 표현해주세요. 아이가 어리다면 붓 대신 손가락으로 찍어도 좋습니다.

3. 병풍 모양으로 길게 자른 화선지를 여러 장 준비합니다

4. 먹물로 사군자를 그립니다.

5. 검정 색지를 화선지 크기에 맞게 아코디언 모양으로 접어줍니다.

6. 5의 색지에 아이들이 그린 사군자를 붙이면 사군자 병풍이 완성됩니다.

손가락으로 찍어 만드는 봄 그림 카드

아이가 어리면 신체를 이용한 활동을 하면 좋습니다. 붓보다 손가락으로 꾹꾹 찍거나 문질러서 표현해보세요. 아이들이 알고 있는 봄을 스스로 표현할 수 있게 도와주세요.

준비물 : 도화지, 여러 가지 색의 물감

색지대신 폼보드지를 사용하면 좀 더 튼튼하고 완성도 높은 책을 만들 수 있어요.

06 색종이로 만드는 딸기
열매가 쏙쏙!

■ **주제 관련 도서**
딸기 한 알/김슬기/현북스,
딸기 한 포기/정유정/길벗어린이,
산으로 들로 맛있는 딸기 교실/마츠오카 다츠히데/천개의바람,
딸기/신구 스스무/한솔수북

■ **준비물**
둥근 색종이, 꽃 모양 스팽글,
검정 매직펜, 가위, 글루건,
투명 포장 용기,
도일리페이퍼, 포장 끈

　겨울부터 봄까지 나오는 과일 중에 아이들이 가장 좋아하는 딸기. 요즘은 유치원에서도 봄에는 딸기 따기 체험활동을 많이 하지요. 고사리 같은 손으로 직접 따온 딸기를 엄마에게 주며 환한 미소를 지을 때면 직접 보고 배우는 것이 얼마나 소중한지를 다시 한 번 느끼게 됩니다. 딸기를 먹거나 아이들이 유치원에서 딸기에 관해 배워온다면 집에서도 만들기 놀이를 함께 해보세요. 유치원에서 배운 내용을 아는 척하며 으스대는 아이의 모습에 저절로 웃음이 나올 거예요.

둥근 색종이가 없으면 색종이를 둥근 모양으로 잘라 사용해도 됩니다.

둥근 색종이를 8등분으로 접은 후 3조각을 잘라냅니다. 분수 개념을 이야기해주면 좋습니다.

나머지 5조각 중 4조각에 매직펜으로 씨를 그립니다.

씨를 그리지 않은 조각에 풀칠을 해서 사각뿔 모양으로 이어 붙입니다.

3을 반으로 두 번 접어 한 조각으로 만든 후 윗부분을 접어서 아이스크림 모양으로 잘라줍니다.

깨가 쏙쏙 딸기 자석

아이들이 좋아하는 고소한 깨로 딸기 열매를 표현해봅시다. 미술 놀이에 색다른 재료를 활용하면 창의력이 쑥쑥 커지는 소리가 들릴 거예요.
점토로 딸기를 만든 후 냉장고 자석을 눌러서 붙여줍니다. 점토 딸기에 깨를 올리고 이쑤시개로 눌러주세요. 점토가 마르면 바니시나 니스로 칠을 해서 깨가 떨어지는 것을 막아줍니다. 딸기 자석을 냉장고나 자석 칠판에 붙여주세요.

윗부분을 안으로 모아 넣어줍니다.

글루건을 이용해 윗부분에 꽃 모양 스팽글을 붙이면 딸기가 완성됩니다.

투명 포장 용기에 만든 딸기를 담습니다. 딸기 통에 도일리페이퍼를 붙여 용기를 꾸며주세요. 꾸미기가 다 끝나면 아이와 함께 과일 가게 놀이를 합니다.

준비물 : 점토(빨간색, 초록색), 냉장고 자석, 깨, 이쑤시개, 바니시 또는 니스

07 메타세쿼이아 팔찌 만들기
봄 향기를 간직하는 방법

■ **주제 관련 도서**
푸릇 파릇 가로수를 심어 봐/김순한/대교출판,
나무 열매 친구들/시모다 도모미/바다어린이,
톡 씨앗이 터졌다/곤도 구미코/한울림어린이,
나무/재미난책보/어린이아현

■ **준비물**
메타세쿼이아 열매 조금,
물감(포스터컬러 또는 아크릴물감),
끈(지끈 또는 색끈), 산적용 꼬챙이 조금,
글루건이나 목공용 풀

4월경 산책을 하다 보면 솔방울은 아닌데 솔방울 같기도 한 자그마한 열매가 많이 떨어져 있는 것을 볼 수 있습니다. 솔방울은 아니지만 만들기 재료로 쓰면 너무나 멋스러운 메타세쿼이아 열매랍니다.

아이들과 산책하며 길에서 볼 수 있는 가로수는 어떤 나무일까, 이 나무의 열매는 무엇일까 이야기를 나눠봅니다. 주변에 메타세쿼이아 나무가 있다면 살펴보고 떨어진 열매를 모아보세요. 집에서 간단한 자연물 놀이를 할 수 있답니다.

1. 메타세쿼이아 열매의 꼭지를 따서 손질합니다.

2. 꼭지를 다 딴 메타세쿼이아 열매를 산적용 꼬챙이에 끼워서 물감으로 색칠해줍니다.

메타세쿼이아 열매를 구하기 힘들면 작은 솔방울로 만들어도 됩니다. 자연물 재료는 인터넷 문구점에서 구입할 수 있어요.

3. 색칠이 다 되었으면 잘 말려줍니다. 하룻동안 두어 온전히 말린 후 다음 날 활동을 이어가도 됩니다.

4. 메타세쿼이아 열매의 틈에 끈을 끼워 넣어 팔찌를 만들어줍니다. 아이가 팔찌 모양을 완성하면 엄마가 글루건이나 목공용 풀을 이용해서 열매가 떨어지지 않게 고정해주세요.

5. 매듭을 묶어 손에 걸어주면 완성!

메타세쿼이아 화관

산책하여 주워온 메타세쿼이아 열매를 깨끗이 털어서 화관을 만들어도 좋아요. 작은 솔방울로도 만들 수 있어요.
지끈을 아이의 머리 둘레 정도로 감은 후 테이프로 풀리지 않게 고정해줍니다. 감은 지끈에 글루건을 이용해서 메타세쿼이아 열매를 붙여줍니다. 뒤쪽에 리본을 묶어서 붙여주면 더 예뻐요.

준비물 : 메타세쿼이아 열매 또는 솔방울, 굵은 지끈, 글루건, 리본 조금, 테이프

08 진달래 화전 만들기
봄이 입 속으로 쏙!

■ **주제 관련 도서**
　꽃 피는 봄이 오면/이진/키즈엠,
　꽃의 요정/베로니크 마세노/키즈엠,
　꽃과 나무/와라베 키미카/대교출판

■ **준비물**
　찹쌀가루, 소금, 물, 진달래 꽃잎

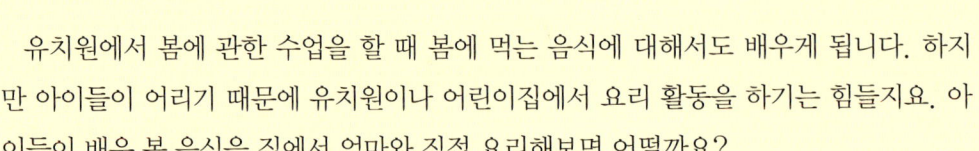

　유치원에서 봄에 관한 수업을 할 때 봄에 먹는 음식에 대해서도 배우게 됩니다. 하지만 아이들이 어리기 때문에 유치원이나 어린이집에서 요리 활동을 하기는 힘들지요. 아이들이 배운 봄 음식을 집에서 엄마와 직접 요리해보면 어떨까요?
　아이들과 가까운 산으로 나들이 가서 진달래 중 깨끗한 꽃잎을 주워와 집에서 화전을 만들어보는 거예요. 아이들에게 더없이 기쁜 봄 추억이 된답니다.

아이가 어릴 경우, 물 양 조절이 안 될 수 있으니 반죽할 때는 엄마가 지켜봐주세요.

1. 커다란 그릇에 찹쌀가루와 소금을 넣은 후 따뜻한 물로 익반죽을 합니다.

2. 반죽을 조금씩 떼어내어 납작하게 만들어줍니다.

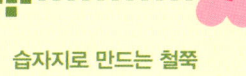

습자지로 만드는 철쭉

철쭉과 진달래의 차이를 아시나요? 진달래는 꽃이 먼저 나오고 철쭉은 잎이 먼저 나온답니다. 진달래가 먼저 피고 철쭉이 나중에 피지요. 또 진달래는 먹을 수 있지만 철쭉은 독성이 있어 먹을 수가 없어요. 아이들이랑 진달래 화전을 만들어 먹은 후 철쭉꽃도 만들어보면서 두 꽃의 차이점을 알아보아요.
습자지를 겹쳐서 꽃잎 모양으로 자른 후 꽃술을 중간에 두고 꽃잎을 하나씩 붙여주면 철쭉이 만들어집니다. 그런 다음 꽃철사와 색종이를 이용해서 줄기와 잎을 만들어 붙여줍니다.

3. 납작하게 만든 반죽에 물을 조금 묻히고 진달래 꽃잎을 예쁘게 펴서 올려줍니다.

아이가 어리면 엄마가 도와주세요.

4. 프라이팬에 기름을 두르고 약한 불에서 구워요. 금방 타버리니 주의해야 됩니다.

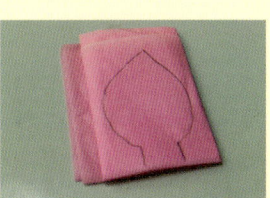

5. 노릇노릇 구워졌으면 접시에 담아 맛있게 냠냠!

진달래를 구하기 힘들다면 신선한 봄나물을 이용해서 만들어도 됩니다.

준비물 : 습자지, 꾸미기 꽃술, 꽃철사, 투명테이프, 초록 양면 색종이

09 동물들은 어떻게 자랄까?
휴지심으로 만드는 동물의 한살이 책

■ **주제 관련 도서**
연못 이야기(봄 여름 가을 겨울)/조이스 시드먼/웅진주니어,
개구리네 한솥밥/백석/보림,
개구리가 알을 낳았어/이성실/다섯수레,
올챙이 뒷다리가 쏙/주디스 앤더슨/상상스쿨,
개구리 왕자/최은규/대교출판

■ **준비물**
휴지심, 양면 색상지, 물감, 꾸미기 눈알,
여러 가지 스티커, 풀, 가위, 한살이 그림 자료

 유치원 누리과정과 초등 1~2학년의 통합교과에는 동물의 한살이를 알아보고 활동하는 내용이 있습니다. 한살이라는 용어가 아이들에게는 생소하지만 동물이 태어나서 어른이 될 때까지의 과정을 책으로 살펴보고 이야기를 나누다 보면 아이도 모든 생명체는 태어나서 커가는 자연의 이치가 있고 모든 생명이 소중하다는 것을 깨닫게 됩니다. 동물의 한살이뿐만 아니라 봄이 되면 긴 겨울잠에서 깨어나는 동물들에 대해서도 함께 이야기를 나누어보면 더 좋습니다.

1. 가위로 휴지심 중간에 직사각형 구멍을 만듭니다.

2. 물감으로 휴지심을 칠합니다. 이때 휴지심에 나무젓가락을 붙여서 칠하면 편합니다.

3. 휴지심보다 조금 더 큰 크기로 색상지를 자릅니다.

4. 색상지에 한살이 자료를 붙인 후 원기둥 모양으로 말아 붙여 휴지심 안에 넣습니다.

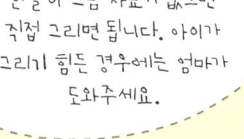
꾸미기 재료로 날개, 다리, 더듬이 등을 만들어 완성합니다.

6. 속지에 한살이 대신 재미있는 표정을 그려 따라해보면서 즐거운 시간을 보내도 좋아요.

한살이 그림 자료가 없으면 직접 그리면 됩니다. 아이가 그리기 힘든 경우에는 엄마가 도와주세요.

휴지심이 없으면 마분지를 원기둥 모양으로 만들어 사용해도 됩니다.

개구리 연못 꾸미기
손가락으로 연못 바탕을 색칠하고 종이 접기, 스티커 붙이기, 종이 찢어 붙이기 등을 이용해서 나만의 연못을 만들어 봅시다. 만드는 과정에서 아이들이 스스로 개구리의 한살이에 대해 깨우치게 됩니다.

준비물 : 색종이, 물감, 스티커, 스케치북, 가위, 풀

 한살이 자료 검색어 — life cycle of frog, life cycle of butterfly, life cycle of ladybug 등

10 짹짹, 알을 깨고 나온 아기 새
달걀 껍질로 만드는 새

■ **주제 관련 도서**
병아리 100마리 대소동/빌리 애러슨/베가북스,
병아리/소야 키요시/한림출판사,
오리/클레어 루엘린/중앙출판사,
동식물의 한살이/프랑수아즈 드 기베르 외/내인생의책

■ **준비물**
달걀 껍질, 아크릴물감, 붓,
색종이(15×15cm 사이즈 2장,
5×5cm 사이즈 3장),
반구(지름 15cm), 검정 매직펜,
선물 포장용 속지 약간

 봄이 되면 겨울 동안 참새, 까치 등 텃새의 소리만 들리던 주변에서 낯선 새들의 지저귀는 소리가 들리곤 합니다. 그 많은 새들은 긴긴 겨울 동안 어디 있었을까요? 아이들과 봄이 내는 소리에 귀를 기울이고 무슨 소리일까 이야기를 나누어보세요. 아이들도 봄이 들려주는 재미난 소리에 자신만의 이야기를 입혀서 조잘조잘 들려줄 거예요. 새들의 한살이를 재미난 만들기를 통해 알아보며 아이들과 함께 이야기를 지어보고 역할놀이를 통해 즐거운 봄 활동을 해보세요.

1. 달걀 껍질을 깨끗하게 씻어서 준비한 후 아크릴물감으로 색칠해줍니다. 아크릴 물감에 물을 많이 섞지 말고 진하게 칠하세요.

2. 달걀 껍질이 마르는 동안 색종이로 아기 새, 엄마 새와 아빠 새를 접은 후 매직펜으로 눈과 날개 등을 그려 꾸며줍니다.

기본 종이 접기 중 '새접기'를 참고하세요.

3. 선물 포장용 속지를 반구 속에 넣어줍니다.

4. 달걀 껍질을 새의 수만큼 넣고, 그 속에 아기 새를 넣어줍니다.

5. 나머지 달걀 껍질 반쪽을 덮어줍니다.

6. 미술 활동이 모두 끝나면 아이와 엄마가 함께 역할놀이를 하며 자유롭게 스토리텔링을 해보는 시간을 가집니다.

준비물 : 나뭇잎, 펠트지, 색지, 도화지, 색연필, 물감, 원형 스티커, 풀

공작을 그리는 세 가지 방법

봄이 되면 아이들과 동물원으로 나들이를 자주 갑니다. 그때 아이들이 제일 관심을 많이 가지는 새가 공작이지요. 여러 가지 방법을 활용해서 아이들과 함께 공작을 꾸며보세요.

① 펠트지로 공작의 몸통을 만들고, 색지를 붙인 날개에 스티커로 무늬를 표현합니다.

② 나뭇잎으로 공작의 깃털을 표현합니다.

③ 손으로 물감을 찍어 공작의 깃털을 표현합니다.

11 봄 축제에서 만나는 반가운 곤충
셀로판지로 만드는 나비

■ **주제 관련 도서**
꽃들에게 희망을/트리나 폴러스/시공주니어,
사과와 나비/옐라 마리/보림,
나비가 날아간다/김용택/미세기,
세밀화로 보는 나비 애벌레/권혁도/길벗어린이,
나비가 되고 싶어/엠마누엘레 베르토시/북극곰,
The very hungry caterpillar/에릭 칼/제이와이북스

■ **준비물**
검정 색지, 셀로판지, 풀, 가위, 빨대,
비닐 조금, 연필

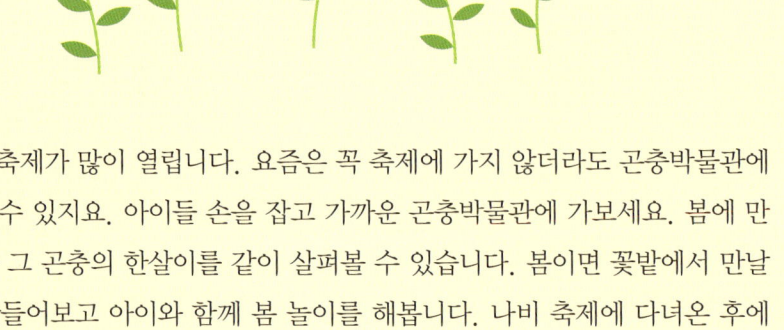

봄이 되면 곤충 축제가 많이 열립니다. 요즘은 꼭 축제에 가지 않더라도 곤충박물관에 가면 곤충들을 볼 수 있지요. 아이들 손을 잡고 가까운 곤충박물관에 가보세요. 봄에 만날 수 있는 곤충과 그 곤충의 한살이를 같이 살펴볼 수 있습니다. 봄이면 꽃밭에서 만날 수 있는 나비를 만들어보고 아이와 함께 봄 놀이를 해봅니다. 나비 축제에 다녀온 후에 하면 효과 만점이랍니다.

1. 검정 색지를 반으로 접은 후 연필로 나비를 그리고 모양대로 자릅니다. 아이가 어리다면 어른이 잘라주세요.

2. 셀로판지를 가위로 조각조각 잘라 풀로 비닐에 붙여줍니다.

3. 1에서 만든 나비 모양 틀에 풀을 칠한 다음 2 위에 붙여줍니다.

4. 밖으로 튀어나온 셀로판지를 가위로 잘라주면 나비가 완성됩니다.

애벌레와 나비
아이랑 미술 놀이를 할 때 애벌레와 나비는 자주 접하는 주제입니다. 관련 책을 읽은 후 직접 나비 날개, 애벌레 몸통을 하나하나 잘라서 붙이고 크레파스나 물감으로 색칠해서 완성해보세요.

준비물 : 미술 활동 그림 자료, 크레파스, 물감, 붓, 스케치북

나비가 나오는 동요를 같이 부르면서 활동하면 더 좋아요.

5. 나비를 전등에 비추며 재미있게 놀아요. 빨대를 붙여서 훨훨 날아다니는 나비를 표현하면 더 신나게 활동할 수 있습니다.

6. 놀이가 끝나면 창문에 붙여서 나비를 통해 비치는 바깥 풍경에 대해 이야기해보세요. 봄 색깔처럼 알록달록한 풍경이 새롭게 보일 거예요.

애벌레 자료 검색어 ▶ the very hungry caterpillar coloring

12 커피 음료 뚜껑으로 만드는 달팽이
주룩주룩 봄비가 오면 만나는 친구

■ **주제 관련 도서**
세상에서 가장 큰 집/ 레오 리오니 /마루벌,
아기 달팽이의 집/이토 세츠코/비룡소,
달팽이 똥 빨주노초/남춘자/개똥이책,
달팽이/나쓰메 요시카즈/베틀북

■ **준비물**
커피 음료 뚜껑,
스테인드글라스물감(또는 글라스데코),
컬러 철사(공예용), 글루건,
스팽글 조금, 종이상자,
매직펜, 네임펜, 펠트 스티커

봄비가 오면 어딘가에서 긴 겨울을 보냈던 달팽이가 모습을 드러냅니다. 아이들도 길을 가다 달팽이를 보고 '엄마, 엄마'를 외쳐대지요. 봄비가 오는 날 아이들과 우산을 쓰고 밖으로 나가보세요. 봄비를 즐기는 달팽이마냥 들뜬 아이들을 볼 수 있을 거예요. 빗속 산책이 끝나면 아이들과 달팽이 관련 책을 살펴보며 직접 달팽이를 만들어보세요.

1. 커피 음료 뚜껑에 검정 네임펜으로 밑그림을 그려줍니다.

2. 스테인드글라스물감을 이용해서 밑그림에 꼼꼼하게 색칠을 해줍니다. 어린 아이들은 물감 대신 글라스데코를 사용하는 게 좋습니다.

글루건이 뜨거워 커피 음료 뚜껑이 녹을 수도 있으니 엄마가 해주세요.

3. 물감이 다 마른 커피 음료 뚜껑 2개를 겹쳐 글루건으로 붙이고 뚜껑을 스팽글로 장식합니다. 이때 달팽이 몸통을 끼울 부분은 남겨두어야 합니다.

4. 종이상자를 달팽이 몸 모양으로 자른 후 매직펜으로 색칠해줍니다.

5. 몸 색칠이 끝나면 뚜껑 사이로 몸통을 끼워 넣어줍니다.

6. 컬러 철사로 달팽이의 더듬이를 만들어 펠트 스티커로 고정시킵니다. 알록달록 달팽이 완성! 완성된 달팽이를 가지고 역할놀이를 하며 놀아보세요.

쓱쓱 지워서 그리는 파스텔 달팽이 그림

파스텔로 그렸다 지우개로 지우며 그린 그림은 아이들에게 색을 칠하는 게 아닌 지우는 방법으로도 그림을 그릴 수 있다는 재미난 사실을 깨닫게 해줍니다.

파스텔을 종이 전체에 쓱쓱 칠한 다음 골고루 퍼지게 손으로 문질러줍니다. 그런 다음 지우개로 쓱쓱 지워서 간단한 달팽이 그림을 그려봅니다. 파스텔이 없으면 연필로 대신해도 됩니다.

준비물: 파스텔, 도화지, 지우개

13 천으로 꾸며서 만드는 책
세상에 하나뿐인 봄 책

■ **주제 관련 도서**
  봄을 만드는 요정/시빌 폰 올페즈/미래아이,
  마리의 봄/프랑소아즈/지양어린이,
  수잔네의 봄/로트라우트 수잔네 베르너/보림큐비,
  봄이 오면/한자영/사계절

■ **준비물**
  여러 가지 색의 자투리 천, 색지,
  도화지, 가위, 풀, 스캐너, 컴퓨터

> 스캐너가 없다면 아이들이 천으로 만든 작품에 직접 글씨를 써서 책을 만들어도 좋습니다.

평소 책을 가까이하며 독후 활동을 하다 보면 아이들은 자연스레 책이 만들어지는 과정을 궁금해합니다. "어떻게 해서 예쁜 그림과 재미있는 글이 담긴 책이 만들어지나요?"

봄에 대해서 이야기를 나누면서 우리가 나눈 봄 이야기를 책으로 만들어보기로 했어요. 아이들도 너무 좋아하며 자신들만의 봄 책을 가질 수 있다고 들떠서 소리치던 기억이 나네요. 알록달록한 천을 잘라서 배경을 꾸미고 아이들이 직접 그린 그림과 이야기로 봄 책을 만들어볼까요? 세상에 하나뿐인 소중한 추억이 될 거예요.

활동을 하기 전 아이에게
콜라주 기법에 대해서 이야기해주세요.
콜라주 작업을 하기에 적당한 사진
자료를 출력해서 보여주며
활동하는 것도 괜찮습니다.

1. 도화지에 천을 잘라 붙여서 봄 풍경을 꾸며봅니다.

2. 천의 색상이 다양하지 않다면 천과 함께 예쁜 무늬의 색종이나 출력한 종이 등을 이용해서 봄 풍경을 꾸며주면 됩니다. 아이가 어리면 무늬 스티커 색종이가 좋습니다.

스캐너 대신 사진을
찍어 파일로 불러오기를
해도 괜찮습니다.

3. 책이 될 풍경 그림을 여러 장 완성해서 스캔을 합니다. 문서 작성 프로그램을 이용하여 스캔한 사진을 불러냅니다.

4. 스캔한 그림을 바탕으로 해서 책에 들어갈 내용을 입력합니다. 아이가 이미 한글을 익혔다면 직접 입력해보게 하는 것도 좋아요.

5. 책 표지에 아이들과 함께 정한 책 제목과 글쓴이 등을 적어줍니다.

6. 컴퓨터 작업이 끝났으면 백상지나 도화지에 출력을 한 후 한쪽 면을 풀로 이어 붙이면 책이 완성됩니다.

아이들이 만든 작품 자체가 멋진
그림이 됩니다. 스캔이 끝나고
나서도 콜라주한 작품은 버리지
말고 벽에 붙여서 아이들만의 작품
세상을 만들어보세요.

14 습자지와 솜방울로 꾸미는 꽃밭
봄을 직접 만나요

■ **주제 관련 도서**
오소리네 집 꽃밭/권정생/길벗어린이,
아빠, 꽃밭 만들러 가요/송언/사계절,
꽃밭/윤석중/파랑새,
바람이 살랑/조미자/국민서관,
우리 순이 어디 가니/윤구병/보리

■ **준비물**
스티로폼, 부직포(천이나 펠트지도 가능),
다양한 색의 습자지와 솜방울(폰폰이),
시침핀, 색깔 나무 막대, 목공용 풀, 가위

매년 봄이 오면 저는 아이들과 함께 화원에 가서 아이들이 좋아하는 꽃 화분을 하나씩 사옵니다. 햇볕이 잘 드는 베란다에 두고 아이들은 물도 주고 꽃들에게 예쁘다 칭찬도 하며 봄을 즐긴답니다.

집에서 꽃 화분을 직접 기르기 힘들다면 아이들과 꽃밭을 만들어보면 어떨까요? 향기는 없지만 알록달록한 봄꽃으로 봄의 활기를 느껴보세요.

1 부직포로 스티로폼을 포장하듯이 감싸줍니다. 앞쪽을 감싸고 뒤쪽은 시침핀을 이용해 정리해주면 됩니다. 아이가 어리면 엄마가 도와주세요. 스티로폼은 시침핀이 들어가고 남을 정도로 두꺼워야 합니다. 얇으면 여러 겹 겹쳐서 만들어주세요.

2 습자지를 정사각형으로 여러 겹 겹쳐 자른 뒤 삼각형 모양으로 반 접어줍니다.

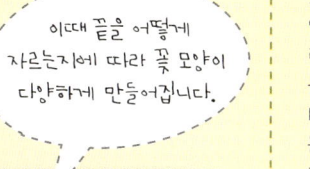

이때 끝을 어떻게 자르는지에 따라 꽃 모양이 다양하게 만들어집니다.

3 습자지를 3등분해서 접어줍니다.

4 끝 부분을 꽃잎 모양으로 잘라 펼쳐줍니다.

5 1에서 완성한 스티로폼에 꽃 모양 습자지를 깔고 그 위에 솜방울을 올린 후 시침핀으로 꽂아줍니다. 아이가 직접 꽃밭의 위치와 꽃 모양을 정해서 엄마와 함께 이야기하며 만들면 좋아요.

6 색깔 나무 막대로 울타리를 만들어주면 알록달록한 꽃밭이 완성됩니다!

키친타월에 그린 꽃밭

키친타월에 여러 가지 색의 사인펜으로 점을 찍습니다. 그런 다음 스포이트를 이용해 물을 한 방울씩 점 위에 뿌려줍니다. 사인펜이 물에 닿아 번지는 모습을 관찰하면서 색의 변화를 살펴보아요. 간단한 과학 활동이 됩니다.
키친타월이 다 마르면 두꺼운 종이에 붙이고 사인펜으로 줄기와 잎을 그려줍니다.

준비물 : 키친타월, 사인펜, 스포이트, 물, 두꺼운 종이

15 솜을 이용한 솜사탕 만들기
봄나들이의 추억

■ **주제 관련 도서**
구리와 구라의 소풍/나가가와 리에코/한림출판사,
소풍/존 버닝햄/토토북,
어디로 소풍갈까?/사토 와키코/한림출판사,
아이와 무지개/신자와 도시히코/문학동네

■ **준비물**
일회용 투명 음료 용기, 파스텔,
솜, 스티커 색종이, 매직펜, 가위

　아이들이 제일 처음 솜사탕을 맛보게 된 곳이 어디인가요? 우리 아이들은 동물원이었어요. 생전 처음 먹어보는 달콤함에 아이들이 솜사탕에서 입을 떼지 못했던 기억이 납니다. 예전에 먹던 솜사탕과 달리 요즘은 먹기 편하게 일회용 컵에 담아서 팔기도 하지요. 어릴 때 먹던 솜사탕의 달콤한 기억을 아이에게도 주고 싶지만 치아 건강이 걱정되어 허락하기가 쉽지 않을 거예요. 충치가 생기게 하는 진짜 솜사탕 대신 아이들의 나들이 추억이 담긴 무지개 솜사탕을 만들어볼까요?

1. 솜을 조금 뜯어서 파스텔로 문질러줍니다.

2. 파스텔을 눕혀서 문지르면 색이 골고루 잘 퍼집니다.

3. 1~2 과정을 반복하며 무지개 색깔 솜을 만들어주세요.

솜은 부푸는 성질이 있기 때문에 꾹꾹 누르면서 넣어주세요.

4. 투명 용기에 무지개 색깔 순서대로 솜을 평평하게 깔아주고 뚜껑을 덮습니다.

달콤한 막대사탕 만들기

스티로폼 공을 빨대에 끼운 후 아크릴물감을 칠해 막대사탕을 만들어봅니다. 물감이 다 마르고 나면 리본을 묶어 완성해주세요. 무지개 솜사탕과 함께 과자 가게를 꾸밀 수 있어요.

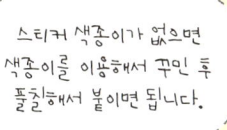

5. 용기에 붙일 라벨을 만듭니다. 스티커 색종이와 매직펜을 이용해서 꾸며주세요.

6. 너무나 맛있어 보이는 무지개 솜사탕 완성!

스티커 색종이가 없으면 색종이를 이용해서 꾸민 후 풀칠해서 붙이면 됩니다.

준비물 : 스티로폼 공(지름 3cm), 빨대, 아크릴물감, 붓, 리본 조금

여름에 하는 놀이

여름 동안 아이들은 유치원에서 '동물과 식물', '건강과 안전', '여름' 세 가지 생활 주제에 대해서 배우고 관련 활동을 하게 될 거예요. 봄에 할 수 있는 활동을 통해 새싹들이 피어나 자라고 겨울잠을 자던 동물들이 깨어나 살아가는 한살이 과정을 살펴보았다면 여름에 아이들은 곤충이나 나무 등 여름과 관련된 동·식물에 대해 알아보는 시간을 가진답니다. 또한 장마가 졌다가 햇빛이 내리쬐는 무더운 날이 계속되기도 해 날씨의 변화에 따른 옷차림, 음식, 생활 모습, 자연환경 등에 대해서도 배우게 됩니다.

여름이면 아이들의 '왜'라는 질문이 더 많아질지도 모릅니다. 유치원이나 어린이집 선생님이 아이들의 모든 궁금증에 답해줄 수 없기 때문에 엄마나 아빠가 질문과 관련된 책을 아이들과 함께 읽고 아이들의 호기심을 해결해주어야 하는데, 집에 관련 책이 없다면 도서관을 이용해보세요. 아이의 궁금증도 풀어주고 책과 가까워지는 기회도 제공해줄 거예요. 어린이집이나 유치원에서 배운 내용에 맞춰 엄마와 조물조물 손끝 활동을 이어간다면 자칫 더위로 지칠 수 있는 일상이 아이에게 즐겁고 신나는 여름으로 기억될 거예요.

01 커피 여과지로 만드는 장미
여름의 시작을 알리는 꽃

■ **주제 관련 도서**
노라의 장미/이치카와 사토미/다산어린이,
미녀와 야수 : 벨 아가씨의 참사랑 이야기/정선우/파란,
어린왕자/이일지/블루리본,
교과서 속 식물백과 무엇일까요/정명숙/키움

■ **준비물**
커피 여과지, 사인펜,
나뭇가지 조금, 꽃 테이프

해마다 5월 말에서 6월 초가 되면 장미의 계절을 맞아 전국 곳곳에서 장미꽃 축제가 열립니다. 꼭 축제에 가지 않더라도 가까운 공원, 주변 담장이나 화단에 피어 있는 장미꽃을 아이랑 함께 살펴보세요. 꽃의 향과 모양을 살펴보고 손으로 꽃잎의 촉감도 느껴보았다면 집에서 과학 활동이 어우러진 미술 활동을 통해 장미에 관한 추억을 만들어보세요.

커피 여과지가 없다면 한지나 화선지를 이용해도 됩니다.

1. 커피 여과지에 아이들과 함께 사인펜으로 색칠을 합니다. 진하게 칠할수록 색깔 번짐이 선명해진답니다.

2. 색칠한 커피 여과지를 물속에 살짝 담가 색이 퍼지는 현상을 관찰합니다. 모세관 현상에 대해서 이야기를 나눠보세요.

3. 색이 다 번지면 잘 말려줍니다.

4. 완전히 마른 것을 확인하고 커피 여과지를 반으로 찢어 펼쳐주세요.

5. 펼친 커피 여과지를 끝 부분부터 돌돌 말아서 꽃 모양을 만들어줍니다.

6. 꽃 테이프를 이용해서 나뭇가지에 여과지로 만든 장미를 붙여줍니다. 여러 송이를 만들어 유리컵에 꽂으면 장미 화병이 완성됩니다.

잣나무 열매로 만드는 장미

산책하며 주운 스트로브잣나무 열매를 깨끗이 닦은 후 잘라서 목공용 풀을 이용해 장미 모양으로 붙입니다. 물감으로 색칠해 장미 완성! 꼭 장미가 아니더라도 아이들이 만들고 싶은 것을 자연물을 이용해 만들어 보세요.

준비물 : 나뭇가지 조금, 스트로브잣나무 열매 (또는 솔방울), 목공용 풀

02 한여름에 활짝 피는 꽃
습자지로 만드는 연꽃

■ **주제 관련 도서**
 연꽃 공주 미도/이상교/웅진주니어,
 연꽃이 돌아왔어요/시옹랑/살림어린이,
 심청전/홍윤희/예림아이,
 연못 자연속으로…/도날드 실버/창조문화

■ **준비물**
 여러 가지 색의 습자지, 도화지, 박스 종이,
 지끈 조금, 가위, 붓, 물

    한여름 가장 더울 때 피는 꽃 중의 하나가 연꽃입니다. 만개한 연꽃 구경하러 나들이를 가볼까요? 아이들이 7살, 5살 때였어요. 연꽃을 보러간 날 소나기가 내렸는데, 아이들이 연꽃에 물방울이 고이는 것을 보고 깔깔대며 재미있어 하던 기억이 납니다. 아이들은 직접 냄새 맡고, 눈으로 보고, 만지는 등 온몸을 통해 자연을 익히고 자기 것으로 만들려고 하더군요.
    무더운 여름, 더위에 지치지 않게 양산, 부채, 시원한 물 등을 잘 준비해서 연꽃이 활짝 핀 연못으로 나들이를 가보세요. 나들이 후 시원한 집에서 그리고 만들어보는 연꽃은 더 의미 있을 거예요.

1. 여러 색의 습자지를 꽃잎 모양으로 잘라 둡니다. 습자지 색이 진할수록 예쁜 그림이 연출되니 연한 색보다는 진한 색을 준비해주세요.

2. 도화지에 잘라둔 습자지를 꽃 모양으로 배치하고 붓으로 톡톡 두드리듯 물을 묻혀줍니다. 물을 너무 많이 묻히면 색이 번질 수 있으니 조심하세요.

습자지의 색은 플라스틱 등에도 물들기 쉽습니다. 활동할 때 바닥에 신문지나 다른 종이를 대고 하세요.

3. 꽃을 완성했으면 초록 습자지를 동그랗게 잘라서 연꽃의 잎을 표현해줍니다. 주름이 자연스럽게 생기도록 하면 더 멋스러운 그림을 만들 수 있어요.

4. 도화지에 습자지의 색이 잘 묻어나왔으면 습자지를 다 떼어냅니다. 간단한 연꽃 그림이 완성됩니다.

지끈으로 만드는 연꽃

생각지 못한 재료를 활용해서 만들기 활동을 하면 아이들의 참여도가 더 올라갑니다. 물건을 묶거나 포장할 때 사용하던 지끈을 풀어서 연꽃을 만들어 보세요.
꼬여 있는 지끈을 풀어서 적당한 길이로 잘라줍니다. 그런 다음 꽃잎 끝을 꼬아서 모은 후 종이컵에 붙여주면 색다른 연꽃이 완성됩니다.

5. 박스 종이와 지끈을 이용해서 액자처럼 만들어 전시해주면 좋습니다.

6. 집에 한지 전등갓이 있다면 1~4의 과정을 반복해서 전등갓을 꾸며도 좋습니다.

준비물 : 지끈, 종이컵, 풀, 가위

03 해바라기 퍼즐 그림
해만 바라보는 여름 꽃

- **주제 관련 도서**
  씨앗은 어떻게 해바라기가 될까?/데이비드 스튜어트/파랑새,
  반 고흐와 해바라기 소년/로렌스 안홀트/웅진주니어,
  세상에서 가장 유명한 해바라기/박수현/국민서관,
  빛을 사랑한 고흐 아저씨/아나 오비올스/노란우산

- **준비물**
  퍼즐 판(직사각형), 연필, 사인펜,
  반 고흐의 '해바라기' 그림 자료

　예전에는 더운 여름이면 집집마다 피어 있는 해바라기를 흔히 볼 수 있었지요. 요즘은 야외로 나가야 겨우 눈에 띄는 것 같습니다.
　여름에 해바라기를 보면 해바라기를 자주 그렸던 화가 빈센트 반 고흐가 떠오릅니다. 유치원이나 어린이집에서 예술 활동 시간에 명화를 보고 그것을 활용한 활동을 많이 하기 때문에 아이들도 반 고흐의 '해바라기'는 친숙하게 느끼더군요. 아이들과 함께 꽃이 있는 명화를 따라 그려보세요. 꼬마 화가가 되어서 진지하게 그림을 그리는 모습을 보고 깜짝 놀라게 될 거예요.

1. 먼저 아이와 함께 해바라기에 대해서 이야기를 나눕니다. 반 고흐의 '해바라기' 그림 자료를 자세히 살펴보고 퍼즐 판에 연필로 밑그림을 그립니다.

2. 연필로 그린 밑그림을 따라 사인펜으로 다시 그려줍니다.

3. 사인펜을 이용해서 채색을 해 퍼즐 그림을 완성합니다.

4. 아이가 퍼즐 전체에 꼼꼼하게 색칠할 수 있도록 도와주세요.

5. 아이가 만든 명화 퍼즐을 신나게 맞춰봅니다.

준비물 : 반 고흐의 주요 작품 그림 자료, 색깔 나무 막대, 두꺼운 색지, 가위, 풀, 투명테이프

반 고흐 액자

색지에 반 고흐의 여러 작품을 프린트해서 붙이고 나무 막대로 액자 테두리를 만든 후 끈을 달아주면 액자가 완성됩니다. 두꺼운 색지가 없다면 박스 종이를 덧대서 튼튼하게 만들면 됩니다.

이런 활동을 통해 아이들은 화가나 다른 위인들을 쉽게 기억하게 됩니다.

04 무궁화가 피었습니다
달걀판으로 만드는 무궁화 액자

■ **주제 관련 도서**
나라꽃, 무궁화를 찾아서/김숙분/가문비어린이,
내가 좋아하는 꽃/남연정/호박꽃,
우리나라가 보여요/햇살과 나무꾼/아이세움,
한국에 폭 빠진 이야기/살미넨 따루/아람

■ **준비물**
종이 달걀판, 물감, 가위, 목공용 풀,
글루건, 지끈(노란색, 갈색), 박스 종이,
우드락, 흰색 도화지, 파스텔

　무궁화는 한여름부터 가을까지 피는 우리나라 꽃입니다. 아이들은 유치원에서 여름 꽃으로 한 번, 가을에 우리나라 관련 주제 활동할 때 한 번, 적어도 두 번은 무궁화에 대해서 알아볼 시간을 가지게 됩니다. 아이들과 산책할 때나 나들이할 때 주변에 무궁화가 피어 있으면 자세히 살펴보세요. 집으로 돌아와서는 무궁화에 대한 자료를 살펴보고 재활용품으로 꽃을 만들어본다면 국화인 무궁화에 대해 자연스럽게 공부가 될 거예요.

달걀판이 두꺼워
아이가 자르기 힘드니
엄마가 도와주면
좋습니다.

꼭 분홍색으로 하지않아도 됩니다.
아이가 원하는 색으로
칠할 수 있도록 합니다.

사진과 같이 종이 달걀판을 꽃잎이 3장이 되도록 자릅니다. 다 자르고 나면 꽃잎이 뒤쪽으로 펼쳐지도록 구부려줍니다.

분홍 물감으로 꽃잎을 칠합니다.

노란 지끈이 없으면
색종이나 모루를 대신
사용해도 좋아요.

남는 달걀판을 나뭇잎 모양으로 잘라 물감을 칠합니다. 한 가지 색만 칠하는 것보다 초록색, 연두색 등을 섞어 칠하면 더 색감이 좋아요. 남색과 초록색을 약간 섞어 잎맥도 그립니다.

색칠해둔 달걀판 2개를 겹쳐서 붙인 뒤 꽃 중심을 빨간색으로 칠합니다. 책이나 사진으로 무궁화를 관찰하고 따라 그려 보세요.

노란 지끈을 돌돌 말아 꽃술을 만들어 붙여줍니다.

재료가 충분하지 않다면
액자를 만드는 과정은
생략해도 됩니다.

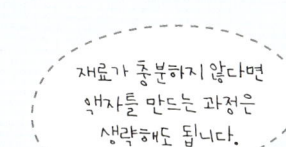

흰색 도화지에 파스텔로 바탕색을 문질러서 칠해줍니다.

완성된 액자에 남는 달걀판을 찢어서 나뭇가지를 만든 후 무궁화를 예쁘게 배치해서 붙이면 무궁화 액자가 완성됩니다.

박스 종이를 깔고 6에서 칠한 종이를 붙입니다. 우드락을 지끈으로 감싸서 테두리에 붙여 액자 틀을 완성합니다.

색깔 달걀판이 있으면
나뭇가지를 만들 때 이용하세요. 흰색 달걀판이면 색을
칠해서 나뭇가지를
표현해주면 됩니다.

05 쿠킹포일로 만드는 물고기 그림 액자
깊은 바닷속에는 누가 살까

■ **주제 관련 도서**
무지개 물고기/마르쿠스 피스터/시공주니어,
으뜸 헤엄이/레오 리오니/마루벌,
행복한 물고기/미스 반 하우트/보림,
알록달록 물고기/로이스 앨러트/시공주니어,
Hooray for fish/루시 커즌/제이와이북스

■ **준비물**
쿠킹포일, OHP필름, 매직펜, 조개, 꾸미기 재료,
목공용 풀, 액자 틀, 물고기가 나오는 책

> OHP필름은 문구점에서 낱장 구매가 가능합니다.

누리과정의 자연탐구 영역 중 동물과 자연에 대해 알아가는 과정이 있어요. 그래서 여름이 되면 유치원에서 강이나 바다에 사는 생물에 대해서 이야기를 나누게 되죠. 아이가 물고기에 대해서 배워온 날 알록달록 물고기가 나오는 동화책을 읽으며 재미난 놀이를 해보면 어떨까요? 간단한 재료로 만드는 활동이지만 완성해두면 아이들이 두고두고 아끼는 소중한 작품이 될 거예요.

아이가 어린 경우, 엄마가 대신 그려줘도 됩니다.

이렇게 부분마다 색칠을 하는 동작은 아이의 소근육 발달에도 도움이 됩니다.

아이와 읽은 책 중에 가장 마음에 드는 물고기를 고르게 합니다. 책 위에 OHP 필름을 대고 검정 매직펜으로 따라 그립니다.

테두리를 칠한 OHP필름을 뒤집어서 색깔 매직펜으로 색칠을 합니다.

완성한 그림을 액자 틀 속에 넣어줍니다. 그런 다음 손으로 구긴 쿠킹포일을 액자 크기로 잘라 그림 뒤에 넣고 뒤판을 닫습니다.

쿠킹포일과 조개, 꾸미기 재료 등을 이용해 액자 틀을 재미있게 꾸며줍니다.

무지개 물고기 만들기

지점토를 넓게 펴서 반죽 밀대로 민 다음 이쑤시개로 물고기 모양 그림을 그려줍니다. 빨대 끝으로 물고기 비늘을, 이쑤시개로 얼굴을 표현한 후 여러 가지 색으로 무지개 물고기를 칠해줍니다. 다 마른 후 표면에 바니시 칠을 하면 오래 보관할 수 있어요.

준비물 : 지점토, 큰 빨대, 물감, 니스(또는 바니시), 반죽 밀대, 이쑤시개

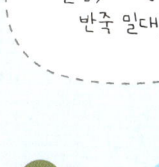

쿠킹포일을 손으로 꼬아서 제목을 붙여주면 알록달록 물고기 액자 완성!

아이가 지점토를 다루기 힘들어하면 자르는 건 엄마가 도와주세요.

06 소중한 여름 추억을 담은 보물
색 모래와 자갈이 든 유리병 만들기

- **주제 관련 도서**
  여름휴가/장영복/국민서관,
  바바 가족의 여름휴가/안네트 티종/빛글사,
  파리의 휴가/구스티/바람의아이들,
  마녀 위니의 엉망진창 휴가/밸러리 토머스/비룡소

- **준비물**
  휴가지에서 가져온 아이의 물건들,
  잼 병, 색 모래나 색 자갈,
  일회용 숟가락, 리본 조금

아이들이 1년 중 가장 기대하는 계절은 아마 여름이 아닐까요? 신나는 여름방학이 있고 가족과 떠나는 여름휴가가 있으니까요. 여름휴가 기간 동안 아이가 휴가지에서 가져온 작은 물건들을 예쁜 병에 담아 추억이 담긴 보물 유리병을 만들어보세요. 그 병을 볼 때마다 즐거웠던 여름의 기억이 떠오를 거예요.

다양한 색 모래를 보여
연한 색, 진한 색, 따뜻한 색,
차가운 색 등에 대해
이야기해보는 것도 좋아요.

아이의 수만큼 잼 병을 준비합니다. 색 모래를 준비해두고 아이와 맘에 드는 색깔을 이야기해보아요.

아이가 정한 색의 모래와 자갈을 일회용 숟가락을 이용해 병에 담습니다.

모래를 담을 때 여러 색으로 층이 나게 담아주면 훨씬 예쁘게 만들 수 있어요. 여러 색의 모래를 담아서 물결 무늬를 만들어보자고 하면 활동하기 쉬울 거예요.

병 윗부분에는 조개껍질 등 여름 휴가지에서 가져온 것들을 놓고 모래를 뿌려줍니다.

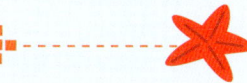

조개껍질 목걸이
깨끗이 씻은 조개껍질을 아크릴물감으로 칠한 다음 완전히 말려줍니다. 조개껍질을 흰색 아크릴물감이나 스티커로 꾸며준 다음 링 고리를 붙이고 고무줄로 이어주면 목걸이가 완성됩니다.

뚜껑을 닫고 리본으로 예쁘게 묶어주면 완성입니다.

준비물 :
조개껍질, 아크릴물감,
링 고리, 글루건,
스티커나 꾸미기 재료,
색 고무줄

물감 놀이를 할 때는 물감 놀이 전용
깔개를 준비해주세요.
아이가 물감을 묻힐 염려 없이
신나게 물감 놀이를 할 수 있습니다.

07 레모네이드 만들기
여름에는 새콤달콤 시원한 음료수가 최고!

■ **주제 관련 도서**
내가 좋아하는 과일/박선미/호박꽃,
레모네이드가 좋아요/마크 서머셋/북극곰,
과일이 최고야/이시즈 치히로/천개의바람,
풍덩 시원해요/심조원/호박꽃

■ **준비물**
레몬 3개, 끓여서 식힌 물 1리터, 꿀, 유리병

여름이면 새콤달콤하면서 시원한 레모네이드를 많이 마시게 됩니다. 레몬에는 비타민 C가 풍부해서 더운 여름 지치기 쉬운 아이들의 건강에도 도움이 되니까요. 레몬을 깨끗이 씻어서 맛과 향을 느껴보고 맛있는 요리 활동까지 곁들인다면 오감이 즐거운 여름이 될 거예요.

말풍선: 아이가 어린 경우, 엄마가 대신 그려줘도 됩니다.

말풍선: 엄마가 반 정도 잘라두면 아이가 자르기 훨씬 쉬워요.

1. 레몬을 깨끗하게 씻은 후 관찰합니다. 눈으로 보고 손으로 만져보고 코로 냄새도 맡고 흔들어서 소리도 들어봅니다. 오감관찰이 끝났으면 아이들과 레몬의 속은 어떻게 생겼을까 말해보고 그림을 그려봅니다.

2. 레몬을 직접 잘라봅니다.

말풍선: 레몬을 얇게 자르는 건 엄마가 해주세요.

3. 레몬의 맛을 보고 맛에 대한 느낌을 이야기해봅니다.

4. 레몬 1개를 얇게 자른 후 물을 반쯤 채운 유리병에 넣습니다.

레몬 비밀 편지

레몬에는 신맛을 내는 시트르산이라는 물질이 들어 있습니다. 레몬으로 그림을 그린 종이에 열을 가하면 레몬에 들어 있는 시트르산이 농축되면서 종이에 있는 셀룰로오스에서 물을 뽑아내게 됩니다. 이를 탈수 작용이라 하지요. 물이 날아가고 없으니 종이에는 탄소만 남아서 레몬즙이 묻었던 자리가 까맣게 타서 글씨나 그림이 나타나는 겁니다.
종이에 레몬즙으로 그림을 그리거나 글씨를 쓴 다음 종이 위에 얇은 천을 덮고 다리미로 다리면 됩니다.

말풍선: 레몬즙 짜개를 이용해서 짜도 되고 손으로 직접 짜도 됩니다.

5. 레몬을 다 넣었으면 꿀을 부어줍니다. 활동을 하며 아이들과 함께 왜 레몬은 뜨고 꿀은 가라앉는지 이야기를 나누어보세요.

6. 남은 레몬을 즙을 내어 넣은 후 얼음을 넣고 잘 흔들어 저어주면 레모네이드가 만들어집니다.

말풍선: 다림질은 위험하니 엄마가 해주세요.
다림질 대신 알코올 램프나 양초를 이용해도 좋아요.

08 까만 씨가 쏙쏙, 수박
수박 화채 만들기와 수박 종이 접기

■ **주제 관련 도서!**
수박씨를 삼켰어/그렉 피졸리/토토북,
화가 난 수박 씨앗/사토 와키코/한림출판사,
한입에 덥석/키소 히데오/시공주니어,
수박/허은순/다다북스(은나팔)

■ **준비물**
화채: 수박, 우유, 꿀, 쿠키 모양 틀
수박 접기: 양면 색종이(빨간색,
　　　　　초록색), 사인펜

여름은 과일의 계절입니다. 수박, 참외, 복숭아, 포도 등 아이들이 좋아하는 과일들이 많이 나오지요. 아이들과 여름 과일을 주제로 여러 활동을 해볼까요? 오감을 이용해 직접 관찰하고 요리 활동도 하고 그리기 활동까지 이어간다면 아이도 엄마도 즐거운 여름, 맛있는 여름이 될 거예요.

4계절의 과일에 대해서 이야기를 나누어 봅니다. 종이에 그림을 그리거나 글씨를 써서 표현해도 좋아요.

미리 얇게 썰어둔 수박을 쿠키 모양 틀을 이용해서 잘라줍니다. 모양 틀로 콕콕 눌러 찍어서 만든 수박 조각을 그릇에 담고 우유와 꿀을 넣으면 화채가 완성됩니다.

색종이를 접으며 동요를 같이 부르면 좋아요.
추천 동요 : 수박파티

양면 색종이(빨간색, 초록색)를 대각선으로 반 자릅니다. 초록색이 앞으로 오게 둔 뒤 중심에서 1.5cm 되는 부분에서 앞으로 접어줍니다.

3에서 접었던 부분을 펼치고 양 끝을 2~2.5cm 접어 작은 삼각형을 만들어줍니다. 가위를 이용해서 자른 다음 접습니다.

수박씨 그림

활동을 하고 남은 수박씨를 이용해 그림을 그려봅니다. 수박씨를 깨끗이 씻어서 흰색 종이에 붙이고 자유롭게 꾸며주면 됩니다.

4에서 펼쳤던 부분을 다시 접어 풀로 들뜨지 않게 붙입니다. 초록색 부분을 빨간색 부분의 모양과 같게 뒤로 접어 넘겨 풀로 붙여줍니다.

접은 수박에 사인펜으로 씨를 그려주세요. 종이 수박을 흰색 종이에 붙이고 그림을 그리거나 동요 가사를 적어봅니다.

준비물 :
수박씨, 흰색 종이, 색연필, 사인펜
과일 씨를 이용해서 단어를 표현해보고 연상해서 그림을 그리면 영어 활동이 될 수 있습니다.

09 빨래 책 만들기
햇살 좋은 여름 날, 마음까지 깨끗하게!

■ **주제 관련 도서**
도깨비를 빨아 버린 우리 엄마/사토 와키코/한림출판사,
빨래하는 날/홍진숙/시공주니어,
재키와 빨래 소동/아이하라 히로유키/꿈꾸는달팽이

■ **준비물**
8절 양면 색상지 4장, 나무집게, 마끈,
나무젓가락, 클립, 종이인형 옷

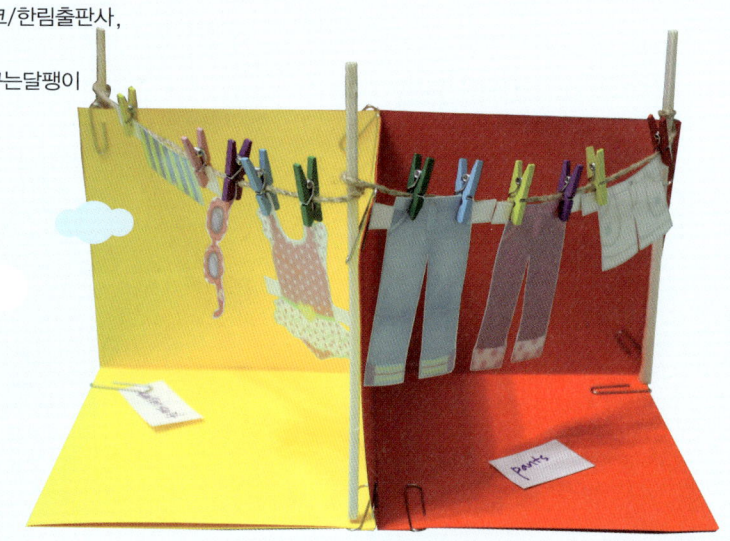

여름에는 해가 쨍쨍하다가도 갑자기 비가 쏟아지고 한 달 내내 비가 오기도 하지요. 일 년 중 가장 날씨의 변화가 잦은 계절, 여름이 왔어요. 변덕쟁이 날씨에 대해서 알아보고 날씨에 따른 옷차림에 대해서도 이야기를 나누어보세요.

밖에서 신나게 뛰어노느라 더러워진 옷을 직접 빨며 놀아볼까요? 엄마가 하는 일인 줄 알았던 빨래를 함께하다 보면 아이는 엄마를 도와드린다는 생각에 엄청 뿌듯해할 거예요. 그런 다음 빨래 책을 만들어보아요!

양면 색상지 4장을 정사각형(사이즈 27x27cm)으로 자릅니다.

4장 모두 가로로 한 번, 세로로 한 번 접었다 펴서 4등분을 만들어줍니다. 그런 다음 세로 선 아래만 칼로 잘라주세요.(기본 종이 접기 중 '4쪽 책 접기' 과정과 유사)

자른 종이의 오른쪽 면을 왼쪽 면에 겹쳐서 클립으로 고정해 세워줍니다.

같은 방법으로 4장을 모두 모아 접은 뒤 클립으로 떨어지지 않게 고정시킵니다.

나무젓가락을 모서리에 한 개씩 놓고 클립에 끼워서 고정시킵니다.

놀이 후 클립을 빼고 접어서 지퍼락에 보관하면 다음에 또 꺼내어 놀 수 있어요.

마끈을 나무젓가락에 돌려 감아 빨랫줄을 만들어줍니다.

종이인형과 인형 옷을 꺼내어 옷을 종류별로 분류해보고 인형 옷 입히기 놀이도 해봅니다.

분류한 옷을 집게로 집어서 빨랫줄에 널어보아요.

종이인형 놀이 자료 검색어 ▶ paper doll

10 알록달록 아이스크림과 팥빙수
여름이면 생각나요!

- **주제 관련 도서**
  아이스크림은 어디에서 왔을까?/전혜은/웅진주니어,
  아이스크림 똥/김윤정/살림어린이,
  얼음/마에노 노리카츠/북뱅크,
  색깔비가 내리는 나라/이동태/꿈터

- **준비물**
  크레파스, 두꺼운 도화지, 색깔 나무 막대,
  양면테이프, 빈 페트 병, 커피 음료 뚜껑,
  다양한 색깔의 솜방울, 솜, 파스텔

무더위가 기승을 부리는 한여름이면 아이들은 하루종일 얼음이나 아이스크림을 찾아 댑니다. 많이 먹으면 배탈 나는 아이스크림. 만들기로 달래고 놀면 어떨까요? 먹고 싶은 모든 종류의 아이스크림을 상상하면서 알록달록 아이스크림을 만들고, 가게 주인이 되어보세요.

1

두꺼운 도화지를 하드 모양으로 자른 다음 먹고 싶은 아이스크림을 상상하면서 그림을 그립니다.

2

색칠이 끝나면 양면테이프로 나무 막대에 붙입니다.

3

맛있는 막대 아이스크림 완성.

4

페트 병 윗부분과 커피 음료 뚜껑을 이용해 빙수그릇을 만듭니다.

5

페트 병 그릇에 솜을 넣어 팥빙수 얼음처럼 모양을 잡고, 파스텔 가루를 위에 뿌려줍니다.

6

여러 가지 색의 솜방울을 솜에 얹어 팥빙수 장식을 완성합니다.

색깔 아이스 바

아이들이 좋아하는 아이스크림과 얼음으로 미술 놀이를 한다면 어떨까요? 더운 여름, 마음까지 시원해지는 활동이 될 거예요.
아이스크림 틀에 물감 탄 물을 얼려줍니다. 얼음을 꺼내서 종이에 그림을 그려봅니다. 얼음이 녹아가면서 그림이 어떻게 변하는지를 관찰할 수 있을 거예요.

준비물 :
아이스크림 틀, 무독성 물감,
4절 도화지 또는 전지

다양한 아이스크림을 만들어 가게 놀이를 하면 더 재미있는 활동을 이어갈 수 있습니다.

11 쿡쿡 찍어 만드는 여름 나무
손바닥으로 그리는 여름 나무

■ **주제 관련 도서**
심심해서 그랬어/윤구병/보리,
숲 속에서/마리 홀 에츠/시공주니어,
나무는 좋다/재니스 메이 우드리/시공주니어,
나무는 참 좋다!/바바라 레이드/키즈엠

■ **준비물**
크라프트 전지, 크라프트 8절지,
흰색 전지, 물감, 크레파스, 가위, 풀

푸른 잎이 무성한 나무와 풀들이 산이며 들에 가득 찬 여름 풍경을 보노라면 눈이 건강해지는 것을 느낍니다. 아이와 함께 여름의 푸른 나무에 대해서 알아보고 나무가 우리에게 주는 것들도 공부해요. 나무가 없다면 어떻게 될까, 우리 지구는 어떻게 될까에 대해 이야기해보고 우리 몸을 이용해 푸른 여름 나무를 꾸며보세요.

1. 물감을 섞어서 초록색을 만듭니다. 이때 어떤 색들을 섞으면 초록색이 되는지, 색을 더 넣으면 어떻게 달라지는지 아이가 직접 느낄 수 있도록 기회를 주세요.

2. 크라프트 8절지에 나무 기둥과 줄기를 그린 후 손가락으로 나뭇잎을 찍어 여름 나무를 표현해봅니다.

녹인 크레파스로 그리는 나무
먼저 종이로 된 음료 슬리브를 안쪽이 보이게 잘라 붙여서 나무를 만듭니다. 골판지를 이용해도 됩니다. 양초에 크레파스를 녹인 후 흩뿌려서 잎을 표현해주세요.

3. 이번에는 손바닥에 물감을 묻힌 후 흰색 전지에 찍어줍니다.

4. 크라프트 전지에 크레파스로 큰 나무를 그려줍니다. 나무 크기가 커서 아이가 힘들어하면 엄마가 함께 색칠해주세요.

준비물 :
무독성 크레파스, 양초, 흰색 도화지, 음료 슬리브 1~2개, 풀, 가위

불을 쓰는 활동이라 엄마가 잘 지켜봐야 합니다. 양초에 2~3초 정도 크레파스를 가까이 대고 있으면 흩뿌릴 만큼 녹습니다. 너무 오래 녹이지 않도록 주의를 주세요.

5. 3(전지에 찍은 손바닥)을 잘라서 크라프트 전지의 나뭇가지 그림에 붙여줍니다. 손바닥 모양이 잘 나오지 않은 부분은 잎 모양으로 잘라서 붙여도 됩니다.

6. 손바닥 나뭇잎이 달린 여름 나무가 완성되었습니다.

12 식용 색소로 그린 부채
바람아 바람아~

- **주제 관련 도서**
  빨간 부채 파란 부채/이상교/시공주니어,
  더워야, 썩 물렀거라!/신동경/웅진주니어,
  여름에는 왜 더울까요?/김정흠/다섯수레,
  두근두근 날씨!/이상교/고래가숨쉬는도서관

- **준비물**
  부채, 식용 색소, 스포이트, 붓

    요즘 아이들은 시원한 에어컨이나 선풍기 바람을 당연하게 여기지만 옛날 우리 조상들은 부채로 더위를 이겨냈지요. 옛날에는 단오날(음력 5월 5일) 부채를 만들어 더운 여름을 잘 이겨내라고 주변 사람들에게 선물했다고 합니다. 더운 여름을 지혜롭게 보낼 나만의 부채를 만들어 친구나 선생님께 선물해보는 건 어떨까요? 색다른 재료를 이용해 그림을 그린다면 더 뜻깊은 선물이 될 거예요.

다양한 색을 만들고 싶으면 여러 가지 색을 섞어서 준비해도 좋습니다.

색다른 방식의 그림 그리기라 아이들도 재미있게 활동할 수 있어요.

식용 색소는 물을 조금만 부어 진하게 준비해둡니다.

식용 색소를 스포이트로 떨어뜨리며 그림을 그립니다.

아이들이 원하는 색으로 자유롭게 그림을 그립니다. 스포이트로 떨어뜨리는 방법 외에 입으로 불기도 하고 붓으로 칠하기 등 다양한 표현 방법을 이용하면 더 좋습니다.

어떤 그림을 그릴지 모르겠다면 명화를 보고 따라 그리는 것도 괜찮습니다.

클로버 투명 부채 만들기

여름이 되면 다양한 꽃이나 풀을 만날 수 있지요. 클로버를 이용해 투명 부채를 만들어보세요.
클로버 잎을 풀로 코팅지에 예쁘게 붙여줍니다. 코팅을 한 후 코팅지를 동그랗게 잘라줍니다. 색깔 나무 막대를 이용해서 손잡이를 만들어 붙여주면 투명 부채가 완성됩니다.

진한 식용 색소로 그림을 다 그렸으면 물을 넣어 희석한 색으로 붓을 이용해서 바탕색을 칠해줍니다. 아이가 바탕을 칠하기 싫어하면 이 과정은 생략해도 됩니다.

꼭 조개 모양 부채로 할 필요는 없습니다. 아이들이 마음에 들어하는 모양의 부채를 골라보세요.

식용 색소로 그린 부채가 완성되었습니다.

준비물 : 클로버(다른 풀이나 꽃도 가능), 코팅지, 코팅기, 가위, 풀, 색깔 나무 막대, 양면테이프

매직펜으로 글씨를 적거나 꾸며주어도 됩니다.

13 바닷가에서 담아온 추억으로 무얼 만들까?
조개껍질 모자이크 접시

■ **주제 관련 도서**
왜 조개와 소라는 껍데기 속에서 살까요?/윤선아/월드베스트,
조개 눈물의 비밀/양승숙/사물의비밀,
우아! 바다다!/로버트 뉴베커/키즈엠,
갯벌이 좋아요/유애로/보림

■ **준비물**
색깔 종이접시, 석고, 조개껍질 조각,
아크릴물감, 빈 요거트 통

> 조개껍질은 작게 부숴 미리 준비합니다. 두꺼운 신문지 사이에 두고 망치로 내려치면 됩니다. 위험할 수 있으니 엄마의 지도 아래 합니다.
> 색깔 종이접시가 없으면 일반 종이접시를 색칠해서 써도 됩니다.

우리 집 둘째는 네 살 무렵까지 모래에 발이 닿으면 그 느낌을 싫어해서 장화를 신기고 바닷가에 갔던 기억이 납니다. 어느덧 아이도 커서 장화 없이도 바닷가에서 신나게 노는 모습을 보노라면 아이는 아이만의 자라는 속도가 있다는 사실을 새삼 느끼게 됩니다. 모래가 싫어서 다니지도 못하던 곳을 조그만 발로 이리저리 다니며 조개껍질을 줍는 모습에 흐뭇한 미소가 절로 나옵니다. 아이들이 바닷가에서 가져온 조개를 버리지 말고 깨끗이 씻어주세요. 그 조개로 아이와 함께 미술 활동을 한다면 아이에게 여름 바닷가의 추억이 오래도록 남을 거예요.

1. 부숴둔 조개껍질 조각을 아크릴물감으로 색칠합니다.

2. 빈 요거트 통에 물감을 풀고 거기에 조개껍질을 넣어 섞으면 더 빠르게 색깔을 골고루 입힐 수 있어요.

타일 조각 모자이크 만들기

알록달록 투명한 타일 조각은 아이들의 관심을 끌기 좋은 재료입니다. 타일 재료를 이용해서 재미난 무늬를 만들어보면 도형 공부도 되고 창의력이 쑥쑥 커지는 것을 느낄 수 있답니다.

타일로 어떤 무늬를 만들지 생각하면서 배치한 다음 풀로 붙여주면 됩니다.

3. 다 칠한 조개껍질을 비닐에 펼쳐서 잘 말립니다. 마르고 난 다음 날 활동을 이어가면 됩니다.

> 석고는 금방 굳기 때문에 아이가 어리면 엄마가 도와주세요.
> 석고를 너무 두껍게 바르면 마르고 나서 접시에서 떨어지거나 금이 가는 경우가 있습니다.

> 준비물 : 여러 종류의 타일 조각, 목공용 풀, 가위

4. 색깔 종이접시에 석고를 펴 바르고 아이와 함께 조개껍질 조각을 올려 꾸며줍니다.

5. 접시 색깔도 바꾸고 색칠하지 않은 조개껍질도 함께 배치해서 다양한 느낌의 모자이크를 만들어봅니다.

6. 나만의 조개껍질 모자이크 완성!

> 아이와 석고로 활동하기 전 모자이크 기법에 대해서 이야기를 나눠요. 아이와 함께 스페인의 건축가 '가우디'에 대해서 배워보는 것도 좋습니다. 아이의 생각이 확장될 수 있도록 관련 도서를 함께 읽어요.

14 커피 음료 뚜껑 선글라스
따가운 햇살을 피하자

■ **주제 관련 도서**
우리 눈은 빛을 좋아한대요/프랑스과학아카데미/영교,
초롱초롱 눈이 건강해/강자헌/웅진주니어,
바다에 간 마녀 위니/밸러리 토머스/비룡소,
바람과 해님/라 퐁텐느/보림

■ **준비물**
커피 음료 뚜껑, 빨대,
꾸미기 재료(단추, 큐빅 등),
셀로판지, 가위, 목공용 풀,
스테이플러, 글루건

여름에 엄마가 선글라스를 끼고 있으면 그게 멋있어 보이나 봅니다. 아이들도 엄마 선글라스를 끼고 멋진 포즈를 취하며 사진을 찍어달라고 하지요. 더운 여름, 선글라스를 쓰는 이유를 알아보고 멋진 선글라스를 만들어보아요.

선글라스 외에 안경도 만들어보고 안경이 왜 필요한지, 우리 몸에서 눈의 중요성과 시력을 보호하기 위해 어떤 행동을 해야 하는지, 하지 말아야 할 행동은 어떤 것들이 있는지도 알아봅니다.

1

선글라스를 만들 커피 음료 뚜껑의 크기에 맞게 셀로판지를 잘라줍니다. 셀로판지를 목공용 풀을 이용해서 뚜껑의 안쪽에 붙여줍니다. 안경을 만들 커피음료 뚜껑은 그대로 둡니다.

2

스테이플러로 뚜껑 2개를 연결해줍니다. 이 활동은 위험하니 엄마가 해주세요.

3

뚜껑의 앞면에 목공용 풀을 이용해 꾸미기 재료를 붙여줍니다. 아이가 자유롭게 꾸밀 수 있게 해주세요.

4

구부러지는 빨대를 적당한 크기로 잘라서 준비해둡니다.

5

글루건을 이용해서 잘라둔 빨대를 뚜껑의 양옆에 붙여줍니다.

6

선글라스와 안경이 완성되었습니다.

여름 모자 만들기

더운 여름의 햇볕을 피할 수 있는 방법이 선글라스만은 아니에요. 모자만 써도 얼굴과 머리에 직접 닿는 자외선을 피할 수 있지요. 아이들과 모자를 만들면서 자외선이 왜 안 좋은지, 어떻게 하면 건강한 여름을 보낼 수 있는지 알아봅시다.
마분지를 컵라면 용기보다 더 크게 잘라서 도넛 모양으로 속을 잘라냅니다. 컵라면 용기를 붙여야 하니 안쪽은 용기보다 조금 작게 잘라주세요. 색깔 있는 지끈을 풀어서 컵라면 용기와 마분지에 풀로 붙여주세요. 컵라면 용기와 마분지를 글루건으로 연결해주고 지끈으로 리본과 꽃을 만들어 붙이면 됩니다.

준비물 :
컵라면 용기,
지끈(두세 가지 색깔),
마분지, 풀, 글루건, 가위

15 건강한 여름, 골고루 먹자
색깔 샌드위치 책

■ **주제 관련 도서**
앗! 따끔!/국지승/시공주니어,
영양만점! 알록달록 색깔 음식/김진희/토토북,
김밥은 왜 김밥이 되었을까?/채인선/한림출판사,
밥 한 그릇 뚝딱!/이소을/상상박스,
난 토마토 절대 안 먹어/로렌 차일드/국민서관

■ **준비물**
다양한 색의 8절 양면 색상지, 흰색 도화지,
주름지(초록색, 흰색), 양면테이프, 가위, 풀,
사인펜, 우드락(두께 상관없음), 색깔 음식 자료

'어떻게 하면 아이들이 즐겁게 밥을 먹을까'는 모든 엄마들의 공통된 고민입니다. 또 어떻게 하면 편식 없이 골고루 먹일까도 엄마들의 큰 숙제가 되지요. 아이와 함께 편식쟁이가 나오는 책을 읽어보세요. 책을 통해 다양한 색깔의 음식들을 찾아보고 그 색깔 음식들이 가지고 있는 영양소와 효능을 알아보세요. 아이들과 책 만들기 활동을 하다 보면 골고루 먹는 것의 중요성과 다양한 음식의 재료들을 알게 됩니다. 이런 활동을 자주 하면 아이가 밥상에서 엄마와 활동한 것을 기억에 대해 조잘조잘 이야기하며 맛있게 밥 먹는 모습을 볼 수 있을 거예요.

1. 책 만들기 활동을 하기 전 색깔 음식 자료를 색깔별로 분류도 해보고 채소와 과일로도 분류해둡니다.

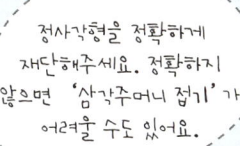

정사각형을 정확하게 재단해주세요. 정확하지 않으면 '삼각주머니 접기'가 어려울 수도 있어요.

2. 8절 양면 색상지와 도화지를 20x20cm의 정사각형으로, 자른 후 '삼각주머니 접기'를 합니다.

3. 2에서 접은 색종이를 양면테이프나 풀을 이용해서 이어 붙여줍니다.

4. 우드락을 3의 크기와 같게 자른 다음 흰색 주름지로 감싸 붙여서 책 표지를 만들어줍니다.

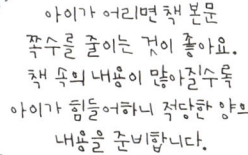

아이가 어리면 책 본문 쪽수를 줄이는 것이 좋아요. 책 속의 내용이 많아질수록 아이가 힘들어하니 적당한 양의 내용을 준비합니다.

5. 초록색 주름지를 4보다 조금 크게 자릅니다. 울퉁불퉁하게 잘라서 야채처럼 표현한 후 책 표지에 붙여줍니다.

6. 1에서 분류해둔 음식 자료를 책 속에 붙이고 색깔 음식의 이름과 색깔을 적어줍니다.

7. 책 제목을 표지 한쪽에 적어서 붙인 다음 속지 양쪽으로 표지를 붙이면 책이 완성됩니다.

검정 색종이에 흰색 젤리볼펜을 이용해서 글씨를 적어주면 아이들이 재미있어 합니다.

색깔 음식 자료 검색어 ▶ 컬러 푸드, color food

봄·여름에 할 수 있는 다른 놀이

3월이 되면 새 교실에서 새로운 선생님과 친구들을 만나게 됩니다. 유치원에서도 누리과정 생활 주제를 '유치원과 친구'로 정해서 활동을 하게 되지요. 친구들에게 나를 소개하는 시간도 갖고 그림으로 표현을 해보는 등 여러 가지 활동을 하게 됩니다. 4월은 주로 날씨 변화를 느끼며 새로운 계절을 이야기합니다. 5월은 가족의 달로, 가족과 관련된 활동을 하게 됩니다. 학기 초에는 나의 소중함에 대해 알아보았다면 이제는 가족의 소중함을 생각해보고 감사의 마음을 전할 수 있는 활동을 하게 되지요. 집에서는 스승의날을 맞아 선생님께 감사를 표현할 수 있는 활동을 할 수 있습니다. 여름이 다가오면 가족에서 나아가 우리 주변에는 무엇이 있는지 알아보고 우리 동네에 대해서 알아보는 시간을 가집니다. 우리 동네 활동 속에는 우리 주변의 환경에 대해서 알아보는 시간도 포함이 됩니다. 아이들과 산책을 하고 주변을 둘러보면서 우리 주변에 대해 관심을 가질 수 있게 도와주세요. 평소에 아이들의 교육 과정을 눈여겨보고 유치원에서 다루고 있는 누리과정 생활 주제가 무엇인지 확인해서 유치원에서 할 수 없는 활동들을 집에서 해보면 좋습니다.

01 손거울 책 만들기
나는 나야!

■ **주제 관련 도서**
나는 나의 주인/채인선/토토북,
괜찮아/최숙희/웅진주니어,
기분을 말해 봐!/앤서니 브라운/웅진주니어,
피아노 치기는 지겨워/다비드 칼리/비룡소,
종이 봉지 공주/로버트 문치/비룡소

■ **준비물**
손거울, 종이상자, 가위, 쿠킹포일,
꾸미기 재료(단추, 반짝이, 스팽글 등),
검정 색지, 흰색 젤리볼펜,
목공용 풀, 글루건

 3월이 되어 반이 바뀌고 나면 새로운 친구들 앞에서 자신을 소개할 일이 많습니다. 자신을 소개하는 활동을 하기 전 내가 잘하는 것, 좋아하는 것을 표현해보는 활동을 하면 좋아요. 자기 자신에 대한 긍정적인 마음을 갖고 자신에 대해 알아보는 활동을 하다 보면 아이도 자신감을 가지고 친구들 앞에 설 수 있을 것입니다. 그럴 때 작은 거울을 하나 준비해서 아이가 직접 자신의 얼굴을 관찰하고 자세히 그려보는 건 어떨까요? 내 모습을 있는 그대로 사랑하는 아이가 다른 사람도 사랑하고 모두에게 사랑받는 아이가 될 수 있답니다. 아이와 손거울 책을 만들며 자신에 대해서 자세히 알아보는 시간을 가져보세요. 진짜 거울처럼 아이가 자주 보는 나만의 책이 될 거예요.

적당한 크기의 손거울이 없으면 그냥 종이상자에 손거울 모양을 그려 자르면 됩니다.

1. 손거울을 종이에 대고 손거울보다 2~3cm 크게 본을 그려 잘라줍니다.

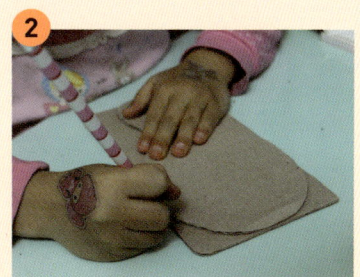

2. 1에서 자른 손거울 본을 다른 종이에 대고 그려서 자릅니다. 2개의 손거울 모양 책 표지가 완성됩니다.

은색 반짝이 가루를 목공용 풀을 이용해서 전체적으로 붙여주면 완성도가 높은 작품이 나옵니다.

3. 남는 종이를 동그랗게 잘라서 거울의 유리 모양을 만들어줍니다.

4. 동그랗게 자른 종이를 쿠킹포일로 감싸서 손거울 모양으로 자른 종이 한쪽에 목공용 풀이나 글루건으로 붙여줍니다.

5. 꾸미기 재료를 이용해서 거울 책의 표지를 꾸며줍니다. 단추, 스팽글 등 다양한 재료를 활용해보세요.

6. 검정 색지를 아코디언 접기를 한 후 표지의 크기보다 조금 작게 원형으로 잘라줍니다. 책이 이어져야 하니 양옆 모서리는 자르지 않도록 주의하세요.

7. 흰색 젤리볼펜을 이용해서 거울 속을 채워줍니다. 거울을 보며 자신의 모습을 그리거나 소개하는 글을 적는 등 자신만의 방법으로 내용을 만들어봐요.

책 본문을 꼭 검은색으로 하지 않아도 됩니다. 다른 색깔의 색지를 사용하고 흰색 젤리볼펜이 아닌 일반 사인펜을 사용하면 됩니다.

꾸미기 재료가 없으면 클레이나 점토로 표지를 꾸며도 좋습니다.

아이가 어려서 한글 쓰기가 안 되면 그림으로 표현하면 되고, 아이가 하고 싶은 이야기를 엄마가 대신 적어줘도 됩니다.

8. 마지막으로 손거울 책의 표지에 제목을 쓰면 손거울 책이 완성됩니다.

02 내 몸에 대해 알아봐요
마법 손전등 만들기

■ **주제 관련 도서**
우리 몸의 구멍/허은미/길벗어린이,
보인다! 우리 몸/클레어 스몰맨/밝은미래,
소중한 나의 몸/정지영/비룡소,
뼈/호리 우치 세이치/한림출판사,
뼈와 살/재미난책보/어린이아현,
Dry bones/케이트 에드먼즈/제이와이북스,
입이 똥꼬에게/박경효/비룡소

■ **준비물**
검정 색지, OHP필름,
여러 가지 색깔 네임펜, 투명테이프,
수정펜, 몸속이 나오는 사진 자료, 가위, 풀

누리과정 생활 주제 중 '나와 가족', '건강과 안전'에서는 우리의 몸에 대해서 알아보는 시간을 가지게 됩니다. 아이와 함께 내 몸을 자세히 살펴보고 인체에 대해 알아보는 활동을 한다면 자연스럽게 몸의 소중한 부분, 우리 몸을 아끼기 위해 해야 할 일 등을 자연스럽게 이야기 나눌 수 있습니다. 본격적인 성교육을 하기에는 이른 나이지만 어릴 때부터 책을 보며 우리 몸에 대한 이야기를 자주 하다 보면 아이가 자연스럽게 자신의 몸에 대해 관심을 갖고 소중히 여기게 됩니다.

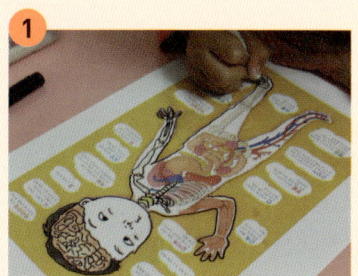

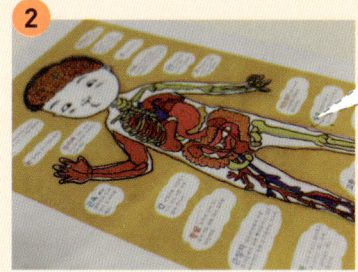

아이가 어리면 그림 자료를 조금 더 단순한 것으로 준비하고 검정 펜으로 테두리를 칠한 다음 OHP필름을 뒤집어서 색을 칠하는 방법도 있습니다.

1 몸속 사진 자료 위에 OHP필름을 테이프로 고정시켜줍니다. 검정 네임펜으로 몸 테두리를 그립니다.

2 테두리가 마르면 다양한 색깔의 네임펜으로 색칠을 해줍니다. 채색을 할 때 검은색이 번지지 않도록 주의합니다.

3 OHP필름을 떼어냅니다.

4 동그란 물건을 가져와서 흰색 도화지에 올리고 외곽을 따라 그린 다음 잘라줍니다.

5 이제 마법 손전등을 만들 차례입니다. 검정 색지에 4의 동그라미를 풀로 붙인 다음 동그라미 부분이 손전등의 전등 부분이 되도록 손잡이 모양을 그려줍니다. 모양대로 자릅니다.

할핀으로 뼈 인형 만들기

아이들은 뼈에 대한 활동을 엄청 좋아합니다. 뼈 자료를 만들어서 맞춰보고 신나게 몸 놀이를 하면 과학 활동을 겸한 재미난 신체 활동이 될 거예요. 우리 몸을 이루는 뼈 자료를 출력해서 코팅한 후 부분별로 자릅니다. 까만 점 부분을 송곳으로 뚫은 후 할핀을 꽂아서 연결합니다. 완성된 뼈 인형으로 여러 가지 동작을 만들고 따라해보며 놀아요.

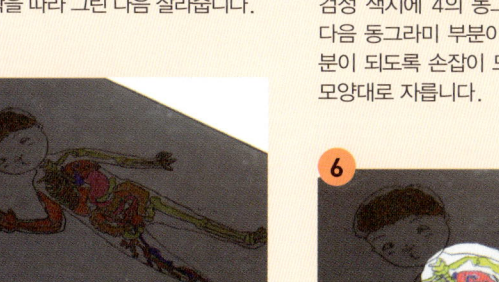

6 OHP필름 그림에 검정 색지를 깔고 투명테이프로 붙여줍니다.

6 5에서 만든 손전등을 OHP필름과 검정 색지 사이로 넣으면 아이가 그린 그림이 밝게 비칩니다.

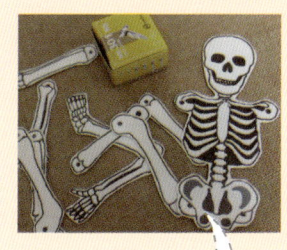

준비물: 뼈 자료 코팅한 것, 가위, 할핀, 송곳

 뼈와 근육

03 걱정 인형 만들기
걱정을 없애주는 내 친구

■ **주제 관련 도서**
겁쟁이 빌리/앤터니 브라운/비룡소,
용기 모자/리사 데이크스트라/책과콩나무,
틀려도 괜찮아/마키타 신지/토토북,
내 마음을 보여줄까?/윤진현/웅진주니어,
엄마의 여행 가방/선현경/비룡소,
과테말라에서 온 선물/김민진/키즈엠

■ **준비물**
굵은 나무 막대, 나무집게, 나무 꼬챙이,
목공용 풀, 털실과 펠트지 조금,
지점토 또는 클레이, 네임펜, 꾸미기 재료

해가 바뀌고 새로운 반, 선생님, 친구들을 만나게 되면 아이들도 적응하느라 힘들고 스트레스를 받습니다. 겉으로 표현하지 않아도 새로운 선생님께 잘 보이고 싶은 마음, 친구들과 사이좋게 지내고 싶은 마음 등으로 아이는 혼란스럽답니다. 아이와 함께 걱정 인형을 만들면서 이야기해주세요. 마음속에 걱정이나 고민이 있으면 이 걱정 인형이 대신해줄 거라고요. 걱정 인형은 걱정이나 소원을 이야기하고 베개 밑에 넣고 자면 자는 동안 인형이 걱정을 다 가져가고 소원을 들어준다는 과테말라의 전통 인형입니다. 아이와 남미의 나라에 대해서도 알아보고 걱정 인형을 만들면서 새 학기 스트레스를 재미나게 풀어버려요!

1. 굵은 나무 막대를 반으로 자른 다음 목공용 풀로 나무 꼬챙이를 가로로 붙여줍니다. 나무 막대가 몸통, 나무 꼬챙이가 팔이 될 거예요.

2. 나무 막대 몸통과 나무 꼬챙이 팔을 털실로 감싸줍니다.

3. 지점토나 클레이로 손을 만들어 나무 꼬챙이 양 끝에 붙이고 나무집게를 목공용 풀로 붙여 다리를 만들어줍니다.

4. 검정 털실로 머리카락을 만들어 붙입니다.

머리카락은 다양한 색으로 표현해도 좋아요.

5. 펠트지를 바지나 치마 모양으로 잘라 걱정 인형의 몸통에 붙여주세요.

6. 네임펜으로 얼굴을 그려주고 리본 등의 꾸미기 재료로 인형을 꾸미면 걱정 인형이 완성됩니다.

인형으로 인형놀이나 역할놀이를 할 수 있어요.

걱정 인형은 매월 돌아오는 반 친구들 생일 선물로도 좋아요.

093

04 선생님, 고맙습니다!
고사리손으로 직접 그리고 꾸미는 카드와 선물 포장

■ **주제 관련 도서**
우리 선생님이 최고야!/케빈 행크스/비룡소,
유치원에 갈거야/천미진/키즈엠,
선생님은 너를 사랑해 왜냐하면/강밀아/글로연,
선생님은 우리만 사랑한대요/나탈리 델루바/주니어북스

■ **준비물**
크라프트 전지, 물감, 크레파스,
사인펜, 흰색 도화지, 우드락 조금,
리본, 풀, 색종이, 가위, 글루건,
양면테이프, 목공용 풀

　아이들에게 선생님은 최고의 존재입니다. 선생님을 위한 선물을 꾸미고 카드를 만들 때 아이들의 자세만 봐도 선생님을 얼마나 사랑하는지가 느껴져요. 스승의날에 아이와 함께 직접 포장지를 그려서 선물 포장을 해보세요. 카드도 직접 만들어 선생님께 자신의 마음을 듬뿍 표현할 수 있게 해주세요. 아이가 고사리 같은 손으로 그림을 그리고 카드를 꾸미는 모습을 보고 있으면 저절로 흐뭇한 미소가 지어질 거예요.

1. 선물 봉투에 어떤 그림을 그릴지 충분히 의논을 한 후 크라프트 전지에 크레파스로 그림을 그립니다.

2. 물감으로 색칠을 합니다.

3. 포장지가 크니 엄마도 아이와 함께 그리고 색칠해주세요. 완성되면 선생님께 드릴 선물을 정성껏 포장합니다.

4. 흰색 도화지를 반으로 접어 한쪽에 편지를 쓰고 색종이와 색연필로 꾸며줍니다.

5. 크라프트 전지 한쪽에 물감으로 무지개를 그리고 칠해주세요. 무지개로 칠한 부분을 세로로 접어서 하트 모양으로 잘라줍니다.

6. 도화지 카드 바깥에 우드락(3mm)을 양면테이프나 목공용 풀로 붙여 카드의 표지를 만듭니다.

7. 글루건을 이용해서 카드 표지에 잘라둔 하트와 리본을 붙여주면 하트 카드 완성!

글루건작업은 위험할 수 있으니 엄마가 꼭 지켜봐주세요. 글루건이 없으면 목공용 풀로 붙여도 됩니다.

8. 카드를 완성했으면 크라프트 전지로 봉투를 만들어줍니다. 만든 봉투에 아이가 만든 카드를 넣어줍니다. 봉투에 글씨를 써도 됩니다.

05 꽃다발 팝업 카드 만들기
감사의 마음을 전해요

■ **주제 관련 도서**
엄마는 회사에서 내 생각해?/김영진/길벗어린이,
할머니랑 나랑 닮았대요/정미라/비룡소,
우리 할아버지/존 버닝햄/비룡소,
우리 엄마/앤서니 브라운/웅진주니어,
우리 아빠가 최고야/앤서니 브라운/킨더랜드

■ **준비물**
색골판지, 미색 머메이드지(또는 흰색 도화지),
자, 가위, 크레파스, 사인펜, 꽃 모양 스티커,
초록 색종이

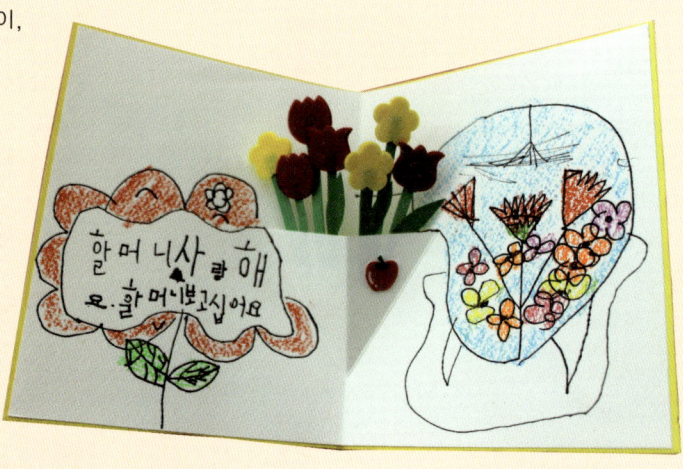

　5월은 카드며 선물 만들기에 바쁜 달입니다. 고사리손으로 카드나 선물을 정성껏 만들어 엄마, 아빠, 할아버지, 할머니께 선물하지요. 아이에게 간단한 팝업 기법을 알려주세요. 어렵지 않고 간단한 방법으로 아이들의 작품을 돋보이게 해줄 거예요.
　정성스러운 선물로 할머니, 할아버지의 칭찬을 받은 아이가 으쓱해하는 모습을 보면 엄마는 더 뿌듯해질 거예요.

1. 표지가 될 색골판지를 원하는 카드 크기로 자릅니다. 미색 머메이드지를 색골판지보다 0.3~0.5cm 작게 잘라줍니다.

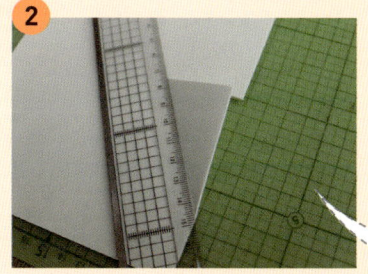

2. 미색 머메이드지를 반으로 접은 뒤 아래쪽에서 9cm가 되는 곳에서부터 안으로 4cm를 잘라줍니다. 아래에서 3cm 되는 곳에서부터 자른 부분의 끝을 맞춰 자를 대고 삼각형으로 접어줍니다.

카드의 크기가 커지면 팝업이 되는 부분도 카드 크기에 맞춰서 조정해 주면 됩니다. 여기서 카드 크기는 18x18cm입니다.

3. 미색 머메이드지를 편 후 삼각형으로 접히는 부분을 펴서 카드 안쪽으로 밀어 넣어주면 간단한 삼각 팝업이 됩니다.

4. 미색 머메이드지를 색골판지 표지에 붙여줍니다.

5. 사인펜과 크레파스로 편지를 쓰고 색칠해서 꾸며줍니다.

꽃 모양 스티커가 없으면 색종이를 꽃 모양으로 작게 잘라서 붙여도 됩니다.

6. 초록 색종이를 접어서 줄기를 만들고 꽃 모양 스티커를 앞뒤로 붙여서 작은 꽃들을 여러 개 준비합니다.

7. 완성한 꽃들을 삼각형 팝업에 양면테이프나 풀로 붙여주세요. 초록 색종이로 잎을 잘라 붙여주면 더 풍성해집니다.

하트 모양 만들어 붙이기는 95쪽을 참고하세요.

8. 카드 표지는 골판지로 만든 화분에 양면 색종이를 잘라 만든 하트와 리본으로 장식합니다.

06 카네이션 화분 만들기
감사의 달에 어울리는 꽃을 만들어요

■ **주제 관련 도서**
언제까지나 너를 사랑해/로버트 먼치/북뱅크,
엄마, 생일 축하해요/이상희/아이세움,
고맙습니다/박정선/한울림어린이,
고맙습니다!/앨리스 B.맥긴티/봄봄출판사

■ **준비물**
우유갑, 유산지 컵, 꾸미기용 색깔 김발,
스테이플러, 초록 색종이, 아크릴물감,
리본 조금, 글루건, 가위

　카드에 이어 카네이션 만들기를 해볼까요? 아이들이 용돈을 모아 꽃집에서 카네이션을 사서 드려도 좋겠지만 꼼지락꼼지락 카네이션을 직접 만들어 할아버지, 할머니, 어머니, 아버지께 드린다면 어른들의 감동은 배가 될 거예요. 유치원이나 어린이집 선생님도 선물은 받지 않지만 직접 만든 카네이션과 정성이 가득 담긴 편지는 언제라도 환영이죠. 머핀을 굽고 남은 유산지 컵을 이용해 카네이션을 한번 만들어보세요. 우리를 있게 한 부모님부터 자신들을 정성껏 돌보고 가르쳐주시는 선생님까지, 주변 사람들의 고마움에 대해서 이야기를 나눌 수 있는 시간이 될 거예요.

1

2

우유갑을 세로로 잘라 이등분한 뒤 5cm 정도를 남기고 잘라냅니다. 시접을 1cm씩 주고 안으로 접어넣습니다.

위쪽도 1cm씩 밖으로 꺾어서 접어줍니다. 모서리 부분에 가위집을 내주면 꺾기 쉽습니다.

여기서는 빨간색으로 칠했어요.

3

4

5

완성된 우유갑 화분을 아크릴 물감으로 색칠합니다.

유산지 컵 2장을 꺼내 1장은 반으로 접고 나머지 1장으로 접은 유산지 컵을 감싼 후 스테이플러로 찍어줍니다. 카네이션 모양이 만들어질 거예요.

색종이를 이용해서 꽃받침 모양과 나뭇잎 모양으로 오립니다. 꽃받침을 카네이션에 붙여줍니다.

6

7

8

글루건을 이용해서 우유갑을 김발에 붙입니다.

유산지 컵 카네이션과 색종이 잎을 화분에 담긴 것처럼 붙여서 꾸며주세요.

포장끈으로 고리를 달고 리본을 붙여주면 카네이션 화분이 완성됩니다.

아이들과 만들어서 스승의날이나 어버이날 선물로 쓸 수 있어요.

07 엄마 아빠 전화번호가 뭐지?
핸드폰 책 만들기

■ **주제 관련 도서**
앗, 조심해/실비 지라르데/비룡소,
멍멍 의사 선생님/배빗 콜/보림,
난 정말 소중해/카트린 돌토/비룡소,
집 나가자 꿀꿀꿀/야규 마치코/웅진출판

■ **준비물**
검정 색지, 흰색 도화지, 양면 색상지,
원형 스티커(지름 2cm), 리본 줄, 풀,
가위, 네임펜

　봄여름은 산으로 들로 나들이를 많이 나가는 계절입니다. 나들이가 잦은 만큼 안전사고가 일어날 확률도 높아져 부모님의 걱정도 많아지죠. 아이들에게 무작정 엄마, 아빠 전화번호를 외우라고 말하는 대신 아이들이 목에 걸 수 있는 핸드폰 책을 만들어보세요. 아이들이 엄마, 아빠의 전화번호, 우리 집 주소 등을 따라 적으며 자연스럽게 기억할 수 있을 거예요. 핸드폰 책을 만들면서 나들이 가서 가족과 떨어지게 됐을 때, 낯선 사람을 만났을 때 등 위험한 상황에서 어떻게 행동해야 하는지에 대한 이야기도 나눠보고 다양한 안전사고에 대해 알아보세요.

검정 색지는 길이대로 자른 후 세로로 반 접어둡니다. 색상지는 '4쪽 책 접기'를 해둡니다.

검정 색지 : 24x8cm
양면 색상지 : 15x22.5cm
흰색 도화지 : 7x9cm

1 종이 재료를 모두 길이에 맞게 재단하여 준비해둡니다.

2 접은 종이의 모서리를 모두 핸드폰처럼 동그랗게 잘라줍니다.

3 검정 색지 위에 흰색 도화지를 붙이고 원형 스티커를 이용해서 핸드폰 숫자판을 붙여줍니다. 3개씩 4줄로 붙이면 됩니다. 흰색 스티커로는 홈 버튼을 표현해주세요.

4 네임펜으로 스티커마다 숫자를 적어주세요. 실제 핸드폰을 관찰하며 숫자와 특수문자까지 적어줍니다.

아이가 숫자를 적지 못하면 숫자 스티커를 활용해도 괜찮아요.

5 표지가 완성되면 본문을 속에 붙이고, 내용을 채웁니다. 엄마 아빠의 전화번호, 우리 집 주소 등 아이들이 꼭 알아야 할 중요한 내용들을 이야기하며 적습니다.

6 책이 완성되면 리본을 연결해 목에 걸 수 있게 만들어주세요.

08 우리 가족을 소개합니다
나무 막대 가족 액자 만들기

■ **주제 관련 도서**
할머니 사진첩/김영미/책먹는아이,
우리만의 사진/가브리엘 뱅상/황금여우,
우리 가족입니다/이혜란/보림,
우리 가족이 최고야!/J.S.잭슨/비룡소,
아빠랑 함께 피자 놀이를/윌리엄 스타이그/보림,
돼지책/앤서니 브라운/웅진주니어

■ **준비물**
색깔 나무 막대, 목공용 풀, 가위,
꾸미기 재료(단추, 보석, 스티커 등),
가족 사진(사이즈 : 10x10cm),
과자 포장 상자

　아이들 모습을 사진으로 찍고 인화해서 앨범으로 만드는 것도 엄마 아빠의 큰일 중 하나입니다. 찍은 사진을 앨범으로 만들어 보관해놓는 것도 좋지만 출력을 해서 아이와 함께 액자로 만들어보세요. 집 안 곳곳에 직접 만든 액자를 놔두면 아이들도 예전에 비해 훌쩍 자란 자신들의 모습을 볼 수 있고, 옛날 모습을 신기해한답니다. 또한 엄마, 아빠의 어릴 적 앨범을 같이 들추어보고 아이들 나이 때의 엄마, 아빠 모습을 보여주세요. 지금의 나와 닮은 엄마, 아빠의 어릴 적 모습을 보는 일이 아이들에게는 무척 흥미로운 일이 될 거예요. 매년 커가는 아이들의 모습을 액자나 앨범으로 만들어도 좋겠지요. 아이들도 자신의 커나가는 모습과 변하는 가족의 모습을 눈으로 직접 보며 가족의 소중함을 느낄 수 있을 거예요.

1. 색깔 나무 막대를 여러 겹 겹쳐 사각형으로 만들어줍니다. 먼저 큰 사각형을 만들고 그 위에 작은 사각형을 만들어 붙이면 됩니다.

2. 다양한 꾸미기 재료를 이용해서 나무 막대 액자를 꾸며줍니다.

3. 과자 포장 상자를 사진 크기만큼 자르고 여기에 가족 사진을 붙여줍니다.

4. 2에서 만든 액자 틀에 사진을 붙입니다.

나무 도마 사진 갤러리

천 원짜리 용품을 파는 곳에 가면 싸고 괜찮은 미술 재료들을 쉽게 구할 수 있어요. 나무 도마도 그 중 하나입니다. 가족 여행을 다녀온 후 사진을 출력해서 나무 도마에 걸어보세요. 아주 간단한 재료만으로도 멋진 여행 갤러리를 만들 수 있어요. 나무 도마에 핀을 두 개 꽂아주고 마끈을 묶어줍니다. 두꺼운 종이에 출력한 사진을 붙이고 나무집게로 사진을 마끈에 매달아주면 간단한 가족 여행 사진 갤러리가 완성됩니다.

5. 색깔 나무 막대 3개를 아래에 깔고 그 위에 2개를 올려 붙인 후 중간에 스틱 하나를 세워 붙여서 액자 받침을 만들어줍니다.

아이들의 사진을 액자로 만들어서 할머니, 할아버지께 선물하면 좋아요.

6. 액자와 액자 받침을 목공용 풀로 붙여 고정하면 가족 액자가 완성됩니다.

준비물 : 나무 도마, 마끈, 핀, 나무집게, 사진 출력물, 두꺼운 종이, 스티커 색종이 조금

09 내 친구를 소개합니다
요구르트 통으로 친구 인형 만들기

■ **주제 관련 도서**
내 짝꿍 에이미/스티븐 마이클 킹/국민서관,
윌리와 휴/앤서니 브라운/웅진닷컴,
달라도 친구/허은미/웅진주니어,
우리 친구하자/쓰쓰이 요리코/한림출판사

■ **준비물**
요구르트 통, 스티로폼 공(지름4cm, 1cm),
수수깡, 꽃철사, 주름지 여러 색, 송곳, 니퍼,
양면테이프, 살구색 물감, 네임펜, 가위, 글루건

새 학기가 되면 아이들은 새로운 친구를 사귀게 됩니다. 시간이 지나면 단짝 친구도 생기고요. 아이와 친하게 지내는 친구가 누군지, 왜 그 친구와 친한지, 또 친구들과 사이좋게 지내는 방법은 무엇일까, 나는 친구들에게 어떤 친구일까 등 친구에 대해서 여러 가지 이야기를 나누어보세요. 여러 가지 재료를 이용해서 친구 인형을 꾸미고 만들어봅니다. 인형을 완성하고 나면 역할놀이를 하며 아이와 즐거운 시간을 가져보세요.

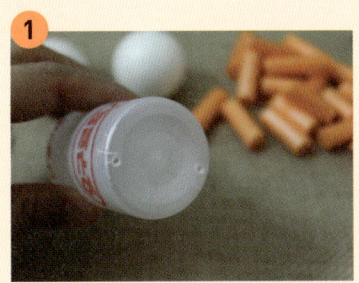

1. 송곳으로 요구르트 통에 구멍을 뚫어줍니다. 다리가 되는 아랫부분에 2개, 팔이 되는 옆쪽에 2개의 구멍을 뚫어줍니다.

2. 꽃철사를 15cm 정도로 잘라서 요구르트 통 아래쪽 구멍으로 넣은 후 빠지지 않도록 니퍼로 꼬아줍니다.

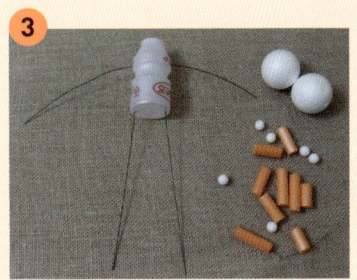

3. 꽃철사를 20~25cm 정도로 잘라서 몸통 양쪽 구멍으로 통과시킵니다.

사이즈:
다리 3cm 4개,
팔 2.5cm 4개,
발 2cm 2개

4. 수수깡을 잘라서 준비해둡니다. 자른 수수깡에 꽃철사를 이용해서 구멍을 미리 뚫어 둡니다.

5. 자른 수수깡을 꽃철사에 끼워넣어 팔과 다리를 만들어줍니다. 관절 부분에는 지름 1cm의 스티로폼 공을 끼워줍니다.

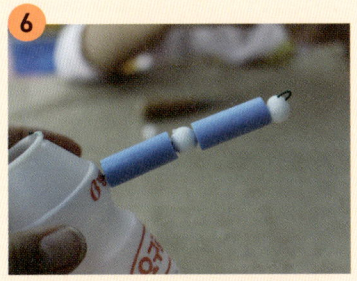

6. 팔다리에 수수깡과 스티로폼 공을 다 끼웠으면 니퍼를 이용해서 남는 철사를 잘라 구부려줍니다. 끝을 구부리지 않으면 스티로폼 공과 수수깡이 빠지기 쉬워요.

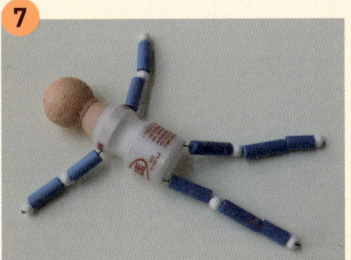

7. 지름 4cm 스티로폼 공을 요구르트 통에 글루건으로 붙여 얼굴을 만들어줍니다. 살구색 물감을 이용해 칠해줍니다.

이 활동은 여러 가지로 활용할 수 있습니다. 세계 여러 나라에 관해 배울 때 피부와 머리카락을 다양한 색깔로 표현해서 각각 다른 인종을 만들 수도 있어요. 관절이 구부러지기 때문에 우리 몸에 관한 활동을 할 때도 활용할 수 있습니다.

8. 주름지로 옷과 머리 등을 만들어 붙여주고 네임펜을 이용해서 얼굴을 그려주면 완성입니다.

10 우리 마을 구경 하실래요?
종이상자로 우리 동네 만들기

■ **주제 관련 도서**
우리 동네 할머니/샬롯 졸로토/시공주니어
장수탕 선녀님/백희나/책읽는곰,
우리 동네 한 바퀴/
정지윤/웅진주니어,
북적북적 우리 동네가 좋아/
리처드 스캐리/보물창고

■ **준비물**
마스킹테이프(검은색, 노란색)
투명테이프, 종이상자,
가위, 크레파스, 매직펜,
글루건, 색깔 솜 약간

색깔 솜 만들기 : 53쪽 참조

두유나 음료수 상자를 이용하면 두껍지 않아서 아이와 함께 활동하기 좋습니다. 아래판은 두꺼운 종이상자를 잘라서 테이프로 붙여서 크게 만들어주세요.

초등학교 1~2학년군 통합교과에 〈이웃〉이라는 책이 있습니다. 이 주제는 누리과정과도 연계되어 있기 때문에 유치원에서도 이웃과 우리 동네에 대한 활동을 합니다. 평소에 자신이 오고 가는 길을 자세히 살피고 우리 주변에 무엇이 있는지 관찰하는 습관이 있는 아이라면 이 주제가 쉽게 다가오겠지만 대부분 어려워 할 수도 있습니다. 우리 동네의 기관과 그 기관에서 하는 일, 일하는 사람들, 이웃들까지, 주제의 범위가 생각보다 넓기 때문입니다. 마을과 이웃에 관련된 책을 읽고 우리 동네를 만들어보면 아이도 우리 동네와 이웃에 대해 좀 더 관심을 가지고 잘 알 수 있는 기회가 될 거예요.

아이와 우리 동네에 무엇이 있는지 이야기를 나누고, 만들고 싶은 것을 정합니다. A4 용지에 큰길을 중심으로 우리 동네 지도를 그립니다.

종이상자를 크게 잘라 마을의 바탕을 만듭니다. 자른 종이에 1에서 그려놓은 스케치를 보고 연필로 건물, 도로 등을 크게 확대해서 그려줍니다.

남은 종이상자를 작게 잘라 지도 위에 놓을 건물을 만들고 투명테이프로 붙여줍니다. 매직펜을 이용해서 그림을 그리고 색칠도 합니다.

2의 종이에 검정 마스킹테이프로 도로를 만들고 노란 마스킹테이프로 도로의 중앙선을 표시해줍니다. 마스킹테이프가 없으면 색종이를 잘라서 붙여주면 됩니다.

다른 종이상자에 우리 동네에서 볼 수 있는 탈것들을 그려서 색칠하고 잘라서 준비합니다.

만들어둔 건물을 글루건으로 붙여주고 종이상자와 솜을 이용해서 나무나 공원 등을 꾸며줍니다.

도로에 대해서 이야기를 나누어보고 흰색 크레파스로 차선과 횡단보도를 그려줍니다. 아이와 차선 색깔의 차이, 교차로 등에 대해서도 이야기를 나누면 좋아요. 5에서 만들어둔 탈것 그림을 들고 직접 도로 위에서 움직여보면 쉽게 이해할 수 있습니다.

도로에서 볼 수 있는 교통표지판과 신호등을 아이와 함께 만듭니다. 아이와 어떤 표지판을 우리 동네에서 볼 수 있는지, 표지판의 의미는 무엇인지 알아봅니다. 엄마가 보충 자료를 준비해주면 더 좋습니다.

각 건물마다 건물의 이름을 적어주고 하는 일을 표지판 모양으로 만들어두면 우리 동네에 대해서 자세히 알 수 있어요.

만들어둔 탈것과 도로표지판 등을 글루건으로 붙여주면 우리 동네 지도가 완성됩니다.

가을에 하는 놀이

여름방학이 지나고 아침저녁으로 선선한 바람이 불어오면 주변에 코스모스가 하나둘 피기 시작합니다. 무더운 날씨에 지쳤던 몸도 다시 활기를 찾게 되지요. 아이들도 주변의 초록색이 알록달록하게 물들어가는 모습을 보며 계절의 변화를 몸으로 느끼게 됩니다. 유치원에서도 가을이 되면 계절의 변화에 맞추어 다양한 활동들을 합니다.

집에서도 아이와 함께 다양한 가을 놀이를 해보세요. 다채로운 계절의 색깔만큼 가을과 관련된 엄마표 활동들이 무궁무진합니다. 아이들과 나들이를 통해 풍성한 가을을 직접 느껴보고 계절의 변화에 대해서도 이야기해보세요. 여러 가지 가을 놀이를 하다 보면 가을이 주는 풍성함을 고마워하는 건강한 어린이로 자라날 것입니다.

01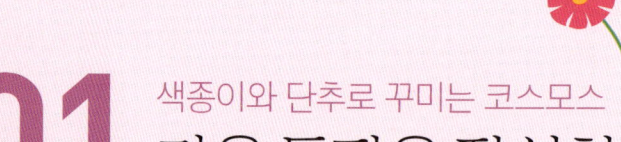
색종이와 단추로 꾸미는 코스모스
가을 들판을 장식하는 반가운 얼굴

■ **주제 관련 도서**
울긋불긋 가을 밥상을 차려요/김영혜/시공주니어,
귀뚜라미/현덕/키즈엠,
가을에 피는 국화와 코스모스/강시호/한국톨스토이

■ **준비물**
색종이 15x15cm, 가위,
풀, 단추 등 꾸미기 재료, 목공용 풀,
스케치북

> 색종이 15x15cm를
> 4등분 해서 7.5x7.5cm 크기
> 4장을 만듭니다. 여러 색을
> 준비해두세요.

가장 먼저 가을을 알리는 반가운 꽃, 코스모스. 늦여름이 되면 피기 시작해서 가을 내내 활짝 피어 우리 마음을 설레게 하는 가을꽃이지요. 살랑살랑 바람에 흔들리는 코스모스를 보면 가을이 성큼 다가왔음을 느낄 수 있습니다. 아이들과 더운 여름이 가고 시원한 가을이 오는 계절의 변화에 대해 이야기해보세요. 대표적인 가을꽃인 코스모스를 종이로 접어보며 가을을 마음으로 몸으로 느껴보아요.

1. 색종이를 대각선으로 한 번 접고 펼친 다음 위아래 꼭지점을 가운데로 모아 접어줍니다.

2. 아래쪽을 반대쪽 삼각형이 1/3쯤 가리게 접어 올려줍니다.

3. 위쪽 종이도 아래쪽과 겹치도록 접어 내려줍니다.

4. 가위로 양끝을 코스모스 꽃잎 모양으로 오려줍니다.

5. 스케치북에 종이 접기로 만든 꽃잎 4개를 서로 겹쳐서 붙여주고 꾸미기 재료로 코스모스를 꾸며줍니다.

6. 초록 색종이를 잘라서 줄기와 잎을 표현해주면 나만의 코스모스 꽃밭이 완성됩니다.

번지기 기법으로 그리는 코스모스

크레파스를 색다르게 사용해서 가을 그림을 그려보세요. 항상 그리던 방식이 아닌 다른 방법을 쓰면 아이들의 호기심도 자극할 수 있습니다.
과자 상자를 코스모스 모양으로 여러 개 자른 뒤 테두리를 크레파스로 진하게 칠합니다. 코스모스 본을 스케치북이나 종이 위에 올리고 움직이지 않게 손으로 고정시킨 뒤 손가락으로 문질러 그림을 그려주면 됩니다.

준비물 :
크레파스, 과자 상자, 가위, 스케치북 또는 종이

미술 놀이를 할 때 스케치북을 이용하면 좋습니다. 스케치북 한 권에 아이가 한 미술 놀이들을 차곡차곡 모으면 따로 스크랩을 하지 않아도 작품을 보관하기 쉬우니까요.

02 리본으로 국화꽃 만들기
알싸한 가을의 향기

■ **주제 관련 도서**
  효재 이모의 사계절 뜰에서/이효재·채인선/살림어린이,
  나의 봄 여름 가을 겨울/린리쥔/베틀북,
  봄 여름 가을 겨울/김현정/월드베스트

■ **준비물**
  5mm 두께의 리본 여러 색,
  1cm 두께의 초록 리본,
  꾸미기 단추, 실, 바늘, 가위, 유리병,
  글루건, 양면테이프, 목공용 풀, 빨대

    가을이 깊어지면 여기저기에서 국화 향이 가득한 축제들이 열립니다. 꽃집이나 관공서 등에서도 국화 화분을 쉽게 볼 수 있지요. 특히 음력 9월 9일 중양절 즈음이면 국화가 만발합니다. 중양절에는 국화전을 부쳐먹거나 국화차를 마시는 풍습이 있지요.
    아이들과 이 무렵 국화에 관련된 활동을 해보세요. 국화전을 부쳐먹거나 국화차를 우려 마시기도 하고 국화 꽃병을 만들어 집을 장식하는 것도 좋겠죠. 가을의 향기를 듬뿍 느낄 수 있을 거예요.

1. 5mm 리본을 10cm 길이로 여러 개 잘라둡니다. 리본 개수를 늘리면 더욱 풍성한 국화를 만들 수 있어요.

2. 리본을 반 접은 다음 바늘을 이용해서 실에 꿰어줍니다. 아이가 어리면 바느질이 힘들 수도 있어요. 실 대신 양면테이프로 붙여도 됩니다. 꽃잎이 풍성해질 때까지 계속해서 리본을 꿰어줍니다.

3. 리본을 다 꿰었으면 실의 매듭을 묶어주고, 꽃의 중심 부분에 단추를 달아줍니다.

4. 단추를 달지 않은 반대쪽은 초록 리본을 이용해서 꽃받침을 만듭니다. 3cm 길이로 자른 초록 리본 3개를 별 모양으로 겹쳐서 글루건으로 붙여줍니다.

5. 초록 리본을 양면테이프나 목공용 풀을 이용해서 빨대에 감아 붙여줍니다. 나뭇잎도 리본으로 만들어 붙여줍니다.

빵 끈 국화꽃

국화는 종류가 많습니다. 빵 끈을 구부려서 대국을 표현해 볼까요? 포장용 빵 끈을 살짝 구부려 클레이에 꽂아주면 됩니다. 빨대를 클레이에 꽂아 꽃대를 만들고 초록 매직펜으로 색칠해주면 완벽한 대국이 될 거예요.

6. 줄기에 글루건을 이용해서 4에서 만든 꽃을 붙여줍니다.

7. 유리병에 색 자갈이나 작은 솜방울을 넣고 병 바깥쪽을 꾸며줍니다. 완성한 꽃을 꽂아주면 국화 꽃병이 완성됩니다.

준비물 :
지점토(또는 클레이),
선물 포장용 빵 끈(길이 10cm 여러 개),
초록 물감, 빨대, 초록색 매직펜

빵 끈 속의 철사 때문에 부드러운 점토를 이용하면 제대로 꽂히지 않을 수 있어요. 탄성이 좋은 클레이나 지점토를 사용하세요.

03 빨갛게 노랗게 변신하는 가을 나무
나뭇잎 모양 가을 속담 책 만들기

■ **주제 관련 도서**
잎에는 왜 단풍이 들까요?/다섯수레 편집부/다섯수레,
빨강이 나무에서 노래해요/조이스 시드먼/살림어린이,
페르디의 가을나무/줄리아 로린슨/느림보

■ **준비물**
양면 색상지, 흰색 도화지, 가위, 풀, 칼,
사인펜 또는 연필, 할핀

가을이 되어 붉고 노란 옷으로 갈아입는 나무를 보면 아이들이 꼭 한번씩은 물어보지요.
"엄마, 왜 나무는 가을이 되면 빨간색이 되는 거예요?"
아이들과 함께 가을에 나무가 옷을 갈아입는 이유에 대해 알아본 뒤 다양한 모양의 나뭇잎을 만들어볼까요? 만든 나뭇잎에 가을과 관련된 속담을 적어보세요. 종이 나뭇잎을 모아 할핀으로 고정하면 훌륭한 속담 책이 탄생합니다.

① 양면 색상지를 반으로 접어서 나뭇잎을 그립니다. 식물도감을 보며 여러 가지 종류의 나뭇잎 그림을 참고하여 대칭이 되게 그립니다.

② 색종이를 반으로 접은 상태로 나뭇잎을 잘라줍니다. 색종이를 펴면 온전한 나뭇잎 모양이 나옵니다.

> 칼을 다루는 작업은 위험하니 엄마가 해주는 게 좋아요!

③ 자른 나뭇잎을 반으로 접은 상태에서 잎맥을 칼로 그어 표현해줍니다.

④ 자른 나뭇잎을 흰색 도화지에 풀로 붙이고 나뭇잎 모양보다 0.3~0.5cm 정도 크게 잘라줍니다.

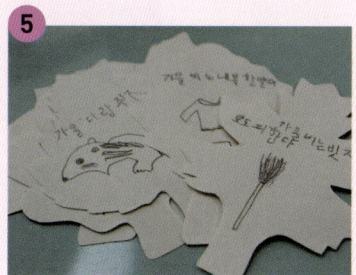

⑤ 아이와 함께 가을과 관련된 속담에 대해 이야기를 나눕니다. 그런 다음 나뭇잎을 붙이지 않은 반대쪽 흰색 면에 연필이나 사인펜으로 속담을 쓰고 그림을 그립니다.

⑥ 종이 나뭇잎을 모아 할핀으로 고정하고 제일 앞에 있는 나뭇잎 모양 종이를 표지로 꾸며주면 나뭇잎 책이 완성됩니다.

04 가을은 가을은 노란색, 은행잎을 보세요~
지끈으로 꾸미는 가을 풍경

- **주제 관련 도서**
  빨간 잎 노란 잎/루이스 엘러트/삼성출판사,
  개미 100마리 나뭇잎 100장/노정임/웃는돌고래,
  가을 나뭇잎/이숙재/대교,
  사계절/퍼트리샤 헤가티/키즈엠

- **준비물**
  지끈(갈색, 노란색, 빨간색, 분홍색,
  초록색, 황토색), 가위, 풀, 스케치북

가을의 대표적인 나무인 은행나무와 단풍나무. 은행잎이나 단풍잎이 떨어져 수북이 쌓인 곳을 산책하다 보면 아이는 어느새 예쁘게 물든 나뭇잎을 한가득 주워서 집에 가져 가려 합니다. 하지만 낙엽을 집에 가지고 오면 다 말라서 부숴지고 말아요. 색색깔로 예쁘게 물든 공원을 거닐고 온 날, 가을 풍경을 작품으로 남겨보는 건 어떨까요? 지끈을 꼬고 잘라 가을의 은행과 단풍, 코스모스를 표현해봅니다.

1. 아이들과 가을에 대해서 이야기를 나누며 지끈을 풀어줍니다.

2. 노란 지끈은 한쪽 끝을 손으로 꼬아 모아주고 펼쳐진 부분은 중간을 찢어서 은행잎을 표현해줍니다. 빨간 지끈은 가위로 끝 부분을 잘라 단풍잎을 표현합니다.

3. 분홍 지끈은 1x4cm로 자른 뒤 중간을 꼬아 리본 모양을 만들어 준비합니다.

4. 갈색과 황토색 지끈으로 나무와 땅을 표현해줍니다.

5. 3에서 만든 분홍 지끈을 두 개씩 겹쳐서 스케치북에 붙이면 코스모스 꽃잎이 됩니다. 초록 지끈으로 줄기와 잎도 만들어 붙여줍니다. 줄기는 지끈을 풀지 말고, 자르기만 해서 표현해주세요.

6. 만들어둔 은행잎과 단풍잎을 나무에 붙여줍니다. 바람에 떨어지는 나뭇잎도 표현해주면 멋진 가을 풍경이 완성됩니다.

나뭇잎 카드

아이와 산책을 하다 주워온 낙엽을 이용해서 나뭇잎 카드를 만들어보세요. 나뭇잎을 여러 개 겹쳐 리본을 묶은 다음 양면 색상지에 붙여서 나무 이름을 써주면 간단한 나뭇잎 카드가 완성됩니다.

준비물 : 나뭇잎 여러 장, 투명테이프, 리본, 양면 색상지, 풀, 가위

05 가을의 낭만을 즐기는 시화전
종이접시에 꾸미는 동시 액자

- **주제 관련 도서**
  다람쥐/브라이언 와일드스미스/보림,
  아기곰의 가을 나들이/
  데지마 게이자부로/보림,
  가을 숲 도토리 소리/우종영/
  파란자전거,
  봄 여름 가을 겨울 곤충도감/
  한영식/진선아이,
  꽃이파리가 된 나비/이주영/우리교육,
  우산 속/문삼석/아동문예사

- **준비물**
  종이접시 2장, 리본, 펀치, 색종이, 한지 색종이,
  핑킹가위, 지끈(노란색, 갈색), 색깔 쌀(노란색),
  OHP필름, 네임펜, 목공용 풀(또는 글루건), 수수깡,
  단추, 꽃철사, 꾸미기 눈알

색깔 쌀 만드는 법 :
빈 요거트 통에 쌀을 담고
물감을 넣어서 붓으로 휘저어주면
쌀에 색깔이 입혀집니다. 비닐 봉투 위에
쌀을 넓게 펼쳐서 말려주면 간단히
색깔 쌀이 만들어집니다.

　가을의 동물, 풍경, 나무 등 가을을 주제로 한 동시는 무척 많습니다. 그중에 가을 동물이나 곤충에 대한 동시를 찾아 시화를 꾸며봅니다. 종이 접기를 해도 되고 종이를 찢거나 자르는 등의 다양한 방법으로 가을을 표현해봅니다. 평소에 주로 그리던 스케치북이 아닌 종이접시를 이용해서 꾸며보아요. 색다른 재료에 가을을 꾸며보고 가을 동시를 적어봅니다. 아이의 글씨로 삐뚤빼뚤 써도 되고 컴퓨터 문서 프로그램을 이용해도 됩니다. 아이랑 가을 동시들을 읽어보고 같이 느껴도 보고 작은 접시에 동시를 담아서 전시해보세요. 우리 집만의 시화전을 열 수 있답니다.

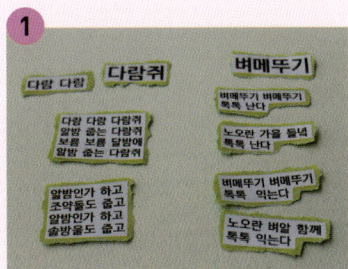

다람쥐, 밤, 도토리를 종이 접기로 만들어 이용해도 좋습니다.

1. 아이와 함께 동시를 읽어보고 동시를 오려서 색종이에 붙여준 뒤 손으로 찢어 준비해둡니다.

2. 펠트지를 다람쥐 모양으로 오려붙이고 단추를 매직펜으로 색칠해서 알밤을 표현해줍니다. 나뭇잎은 한지 색종이를 가위로 오려 만들어주세요.

3. 빨간 수수깡을 잘라 잠자리의 몸통을 만듭니다. OHP필름을 날개 모양으로 자른 뒤 펜으로 날개 무늬를 그려서 잠자리 몸통에 붙여줍니다. 메뚜기는 초록 수수깡에 꽃철사를 끼워 다리를 만든 뒤 종이로 날개를 표현해줍니다.

4. 종이접시에 갈색 지끈을 펴서 아랫부분에 붙여주고 갈색 한지 색종이를 찢어서 나무기둥을 표현해줍니다. 1에서 준비해둔 동시와 2에서 만들어둔 다람쥐도 붙여줍니다.

5. 종이접시에 노란 지끈을 10cm 길이로 잘라 붙여 익은 벼의 줄기를 표현해줍니다. 지끈을 펴서 벼의 잎을 만들고 노란색으로 물들인 쌀을 이용해서 잘 익은 황금 들판을 표현해보세요.

종이접시를 닫고 앞쪽에 동시의 제목을 적어주면 간단한 동시책이 됩니다. 표지를 만들지 않고 액자처럼 걸어서 전시해도 좋습니다.

6. 5에 1의 동시를 붙여주고 3에서 완성된 잠자리와 메뚜기도 붙여줍니다.

7. 펀치로 종이접시에 구멍을 뚫은 후 리본으로 묶습니다.

8. 제목을 쓴 다음 크레파스로 그림을 그려 표지를 완성합니다.

06 우리 집에 찾아온 가을 손님
커피 여과지로 만드는 가을 나무

■ **주제 관련 도서**
 가을이 계속되면 좋겠어/캐스린 화이트/키즈엠,
 작은 생쥐의 황금빛 나뭇잎/캐서린 멧미어/키즈엠,
 가을을 파는 마법사/노루궁뎅이 창작교실/노루궁뎅이

■ **준비물**
 커피 여과지, 가위,
 사인펜, 글루건, 분무기

가을이 되면 아이들은 산책길에 수북이 쌓인 낙엽을 뿌리고 발로 차며 노는 것을 좋아합니다. 가을 산책 후에 할 수 있는 간단한 활동으로, 곱게 물든 가을 나무를 만들어보세요. 빨갛게 노랗게 물든 나뭇잎은 금방 떨어지지만 우리 집에 찾아온 가을 나무는 사계절 내내 집 안을 예쁘게 장식할 거예요.

1. 커피 여과지를 찢어서 펼친 후 수성 사인펜을 이용해 나뭇잎을 그려줍니다.

2. 분무기로 물을 뿌려 커피 여과지에 그린 그림을 번지게 합니다.

3. 커피 여과지가 다 마르면 나뭇잎 모양으로 잘라줍니다.

4. 자른 나뭇잎에 사인펜을 이용해서 잎맥을 그려줍니다.

5. 식물의 잎맥을 그대로 보고 그려도 되고 원하는 모양으로 자유롭게 그려도 됩니다.

6. 글루건을 이용해서 나뭇가지에 아이가 만든 나뭇잎을 붙여주면 가을 나무가 완성됩니다.

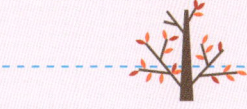

성냥과 커피 여과지로 만드는 알록달록 가을 나무

커피 여과지와 색깔 성냥을 이용해 다른 가을 나무를 꾸며봅니다.
색깔 성냥을 도화지 위에 붙여 나무 둥치와 나뭇가지를 만들어줍니다. 그런 다음 커피 여과지에 크레파스를 칠해서 알록달록한 나뭇잎을 만들고 무성하게 붙여주면 화사하게 단풍이 든 나무 액자가 됩니다.

준비물 :
커피 여과지(갈색), 크레파스, 색깔 성냥, 목공용 풀, 미색 도화지, 5mm 두께의 우드락

우드락에 미색 도화지를 붙여주면 간단히 캔버스 액자 느낌을 낼 수 있어요.

글루건 사용은 위험할 수 있으니 엄마가 지켜봐주세요.
커피 여과지가 없으면 화선지나 키친타월을 이용해도 됩니다.

07 단어 큐브 만들기
이리저리 돌려서 맞추는
내 손 안의 가을

■ **주제 관련 도서**
단풍나무 언덕 농장의 사계절/
앨리스&마틴 프로벤슨/북뱅크,
안쪽 바깥쪽/리지 보이드/키즈엠,
가을이야기/질 바클렘/마루벌

■ **준비물**
쌓기 나무 8조각, 원형 스티커(여러 색깔),
검정 마스킹테이프, 투명테이프, 네임펜

　엄마표 놀이 중에 가장 다양한 방법으로 접근할 수 있는 것이 한글입니다. 처음부터 가나다라를 배우며 억지로 공부를 하는 것이 아니라 책 읽기를 통해, 만들기를 통해, 노래를 통해 여러 가지로 접근을 할 수가 있기 때문에 아이들도 무척 즐거워합니다. 가을 하면 생각나는 것들을 서로 이야기하고 관련 단어를 큐브에 써넣어 맞춰보세요. 집에 있는 쌓기 나무 조각이나 가베를 이용해서 만들면 됩니다. 요리조리 돌리면 나타나는 가을 단어에 아이들이 신기해하며 한글 공부에도 흥미를 가지게 될 거예요.

1

검정 테이프가 붙어 있는 자리에 투명테이프를 붙이세요.

쌓기 나무 8조각을 이용해서 상자 모양을 만든 뒤 서로 떨어지지 않고 자유자재로 조립되게 만들어줍니다. 그러기 위해서는 먼저 위쪽 면 가로 2개, 앞쪽 세로 2개, 뒤쪽 세로 2개, 총 여섯 군데를 투명테이프로 붙입니다.

2

쌓기 나무를 시계방향으로 90도 돌린 다음 아래 붉은색을 좌우로 펼쳐 노란색 옆으로 1줄씩 붙입니다. 8조각의 쌓기 나무가 4개씩 2줄로 나란히 놓인 모습이 될 거예요.

준비물 : 넓은 나무 막대 10개, 여러 색깔의 네임펜, 투명테이프
영어나 한글 놀이할 때 활용이 가능한 활동입니다.

나무 막대 가을 퍼즐

나무 막대로 퍼즐을 만들어 볼까요?
나무 막대 10개를 나란히 두고 그 위에 가을 하면 떠오르는 그림을 그리거나 단어를 써넣습니다. 그림이나 글자가 딱 맞도록 맞추면서 놀다 보면 한글이나 숫자, 영어를 익히는 데도 많은 도움이 됩니다.

3

뒤쪽 줄 4개의 쌓기 나무를 앞 줄 위로 포갭니다. 쌓기 나무가 4칸씩 2층으로 놓이게 될 거예요.

4

총 여덟 군데에 테이프가 붙게 됩니다. 떨어지지 않게 투명테이프를 여러 번 단단히 붙여주세요.

쌓기 나무를 노란색을 기준으로 4개씩 양쪽으로 나눠줍니다. 테이프를 뒤쪽에 가로로 두 개 붙여주세요.

5

쌓기 나무 바깥쪽 면에 색깔로 된 원형 스티커를 붙여줍니다. 한 면은 모두 같은 색이 되도록 해주세요.

예) 단풍나무, 은행나무, 허수아비, 코스모스, 가을 하늘, 잠자리, 가을 단풍, 국화 축제

6

아이와 함께 가을 하면 떠오르는 단어를 생각해보고 그중 글자 수가 4개인 것을 찾아 원형 스티커 안에 써봅니다. 어린아이들은 네 글자가 어려울 수 있어요. 두 글자를 적거나 크게 그림을 그려도 됩니다.

이리저리 돌리면 나타나는 글자에 아이가 신기해할 거예요. 한글을 배우는 아이들과 하면 좋은 활동입니다. 한글뿐만 아니라 영어, 숫자 공부 등에 다양하게 활용할 수 있습니다.
쌓기 나무가 없으면 가베 등 다른 교구를 이용하거나 두꺼운 종이로 상자를 만들어서 이용해도 됩니다.

7

쌓기 나무를 돌려서 글자가 안 보이게 한 다음 쌓기 나무를 돌려가며 글자를 맞추어보세요. 스티커와 쌓기 나무로 만드는 단어 큐브가 완성되었습니다.

08 견과류 타르트 만들기
가을을 요리해요

- **주제 관련 도서**
  할머니 어디가요? 밤 주우러 간다!/조혜란/보리,
  가을 숲 도토리 소리/우종영/파란자전거,
  가을이 좋아/한미숙/대교

- **준비물**
  호두, 슬라이스 아몬드, 땅콩,
  토르티야, 설탕, 버터, 계란,
  메이플 시럽 또는 꿀, 시리얼,
  은박접시, 위생 비닐 봉지

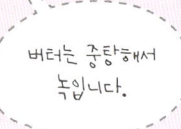
버터는 중탕해서 녹입니다.

  가을은 아이와 여러 가지 요리를 같이 해보기에 좋은 계절입니다. 사과를 이용해서 사과파이, 사과잼, 감을 이용해서 감말랭이, 아이스홍시, 국화로는 국화전, 국화차 등을 만들어볼 수 있습니다. 가을에 나는 견과류를 가지고 견과류 타르트를 만들어 먹으면 배 속까지 든든해지겠죠.

  호두는 두뇌에 좋다고 하지만 아이들이 그냥 먹기에는 조금 떫은 맛이 있을 수 있어요. 하지만 시리얼을 부숴서 견과류와 함께 섞어 타르트를 만들어 먹으면 아이들 간식으로 딱이랍니다.

1 시리얼 40g을 위생 비닐 봉지에 넣고 으깨어줍니다. 작은 가루가 될 때까지 부숴주세요. 아이가 손으로 부수거나 밀대 등을 이용해서 으깨면 됩니다.

2 은박접시에 토르티야를 깔고 접시 크기에 맞게 잘라줍니다.

> 좀 더 단맛을 원하면 설탕을 추가하면 됩니다.

3 부숴놓은 시리얼에 중탕해서 녹인 버터 10g과 설탕 10g, 메이플 시럽 또는 꿀 20g, 계란 1개를 잘 섞어줍니다. 많이 저어서 골고루 섞이도록 합니다.

4 토르티야 위에 3을 골고루 펴서 올려줍니다. 1/2만 채우고 위쪽은 비워둡니다.

감말랭이 크림치즈 카나페

아이들의 간식을 매일 준비하는 것도 엄마에게 큰 부담입니다. 만들기 간단하면서 제철 과일을 이용한 간식을 아이와 직접 만들어보세요. 크래커에 크림치즈를 바르고 감말랭이를 잘라 얹어 초간단 카나페를 만듭니다. 고소한 크림치즈에 달콤한 감말랭이까지, 아이들 간식으로 그만입니다.

5 호두와 땅콩을 잘게 부수어 4에 올려주고 슬라이스 아몬드도 같이 올려줍니다.

6 180도로 예열된 오븐에 넣어서 10분 이상 구워주면 맛있는 견과류 타르트가 만들어집니다.

> 준비물 : 크래커, 크림치즈, 감말랭이

> 말린 과일이 있으면 같이 넣어서 만들어도 좋아요. 토핑은 집에 있는 견과류를 활용하면 됩니다.

09 세상에 하나뿐인 글자 놀이
사과의 모든 것을 담은 애플 랩북 만들기

■ **주제 관련 도서**
사과가 쿵!/다다 히로시/보림,
이게 정말 사과일까?/요시타케 신스케/주니어김영사,
사과와 나비/이엘라 마리/보림,
사과가 주렁주렁/최경숙/비룡소

■ **준비물**
8절 머메이드지(빨간색, 초록색),
양면테이프, 가위, 칼, 벨크로테이프,
두꺼운 종이에 출력한 사과 관련 랩북 자료

　사과는 가을을 대표하는 과일이라 할 수 있습니다. 서늘한 바람이 아침저녁으로 불어올 무렵이면 시장에 나타나는 빨간 사과. 아삭아삭하고 한입 베어물면 퍼지는 달콤함 때문에 아이들도 좋아하는 과일입니다. 그래서 사과를 주제로 한 엄마표 활동들이 많습니다. 이번에는 사과 랩북 만들기를 해볼까요? 랩북(lapbook)이란 종이 여러 장을 겹쳐 접어서 미니북, 그림 등 다양한 아이의 활동을 모아놓은 포트폴리오 형태의 놀이 책입니다. 미국에서는 주제 활동을 할 때 많이 활용합니다. 랩북은 만드는 사람에 따라 얼마든지 변형이 가능하고 활용도 다양하답니다.

잡지나 신문에서 관련 자료를 찾아서 오려도 됩니다.

1. 사과 랩북 자료를 검색해서 프린트해서 오려둡니다. 두꺼운 종이에 출력을 하면 따로 코팅하지 않아도 아이들이 오래 가지고 놀 수 있습니다.

2. 빨간 머메이드지를 반으로 접고 한쪽 끝 부분에 시접을 1cm 정도 두고 양면 테이프를 붙입니다. 여기에 초록 머메이드지를 이어 붙입니다.

머메이드지와 같이 두꺼운 종이를 접을 때는 접히는 부분을 칼등으로 살짝 그어주면 쉽게 접을 수 있습니다.

3. 빨간 머메이드지를 반 접은 부분에 1cm 시접을 주고 접습니다. 초록 머메이드지를 이어 붙인 부분도 사진처럼 1cm 시접을 주고 접어줍니다. 빨간 머메이드지와 겹쳐지는 부분을 조금 두고 초록 머메이드지의 나머지 부분은 잘라냅니다.

4. 준비한 자료들을 양면테이프나 풀을 이용해서 3의 파일에 붙여줍니다. 낱말 카드나 그림 카드는 카드집을 만들어 그 안에 넣어두면 잃어버리지 않고 오래 보관할 수 있습니다.

이 외에도 사과 따먹기 게임을 통해 수를 익힐 수도 있고, 영어 단어, 사과 구조 알기 등 다양한 내용을 채울 수 있어요. 검색해서 얻은 자료를 엄마가 약간만 변경하면 아이에게 맞는 맞춤 랩북을 만들 수 있답니다.

5. 속을 다 채웠으면 표지에 사과 그림을 붙이고 제목을 붙여준 뒤 벨크로테이프를 이용해서 고정시켜줍니다.

6. 다 완성된 책을 가지고 아이와 함께 신나게 놉니다. 준비한 자료를 통해 다양한 활동을 할 수 있습니다.

애플 랩북 검색어 — apple lapbook

10 맛있는 과일 바구니
생각만 해도 침이 꼴깍!

■ **주제 관련 도서**
투둑 떨어진다/심조원/호박꽃,
바빠요 바빠/윤구병/보리,
수리수리 요술텃밭/김바다/사계절,
도토리/고야 스스무/시공주니어,
마코가 주는 선물/간자와 도시코/비룡소

■ **준비물**
양면 색상지, 색종이, 풀, 가위,
사인펜, 가을 열매 자료, 색골판지,
리본 조금, 양면테이프(또는 글루건)

    가을에는 나뭇잎만 예쁘게 옷을 갈아입는 게 아닙니다. 작고 볼품없던 열매들도 선명한 색을 띠며 익어가지요. 봄에 꽃이 피어 가을에 열매를 맺기 위해 과일 나무들이 더운 한여름의 햇볕과 변덕스런 날씨를 견뎌냈기 때문일까요? 가을 열매는 봄이나 여름 열매에 비해 좀 더 소중한 느낌입니다. 가을에 볼 수 있는 열매들이 식탁에 오르기까지의 과정에 대한 이야기를 나누어봅시다. 맛있는 열매를 맛볼 수 있게 해준 농부 아저씨에게 감사의 마음을 느끼며 가을에 먹을 수 있는 열매가 가득 든 바구니를 만들어보아요.

양면 색상지를 정사각형으로(사이즈 : 22x22cm) 자른 다음 모두 '사각주머니 접기'를 해줍니다. '사각주머니 접기'를 한 종이의 끝 부분을 동그랗게 잘라줍니다.

동그랗게 다 잘랐으면 풀을 이용해서 모두 이어 붙입니다.

종이 접기 책을 보고 색종이를 이용해서 다양한 가을 열매들을 접어줍니다. 포도, 사과, 감, 밤, 유자 등 여러 가지 가을 열매들을 접어요.

종이 접기로 완성한 과일들을 2의 책 사이사이에 붙여줍니다. 각 과일들이 밖으로 조금 보이게 간격을 유지하며 조금씩 어긋나게 붙여주세요.

다 붙였으면 해당 과일에 대한 자료를 프린트해서 붙여주고 과일 이름을 써줍니다.

표지의 가로 너비에 맞게 색골판지로 손잡이를 2개 만듭니다.

책 표지에 제목을 쓰고 6에서 자른 손잡이를 글루건이나 양면테이프를 이용해서 앞뒤 표지에 붙이고 리본은 뒤표지 손잡이 중간에 붙여줍니다.

책을 펼치면 재미난 모양의 책이 나온답니다.

11 가을 그림 족자 만들기
자연의 색으로 그림을 그려요

- **주제 관련 도서**
  사계절 생태놀이/붉나무/길벗어린이,
  가을아 어디 있니?/변우만/대교출판,
  고양이네 미술관/강효미/상상의집

- **준비물**
  한지, 먹, 붓, 8절 검정 색지,
  가위, 풀, 마끈, 수수깡, 글루건,
  자연물을 우려낸 물(치자물,
  시금치물, 포도물 등)

 가을이 되어 알록달록한 거리와 공원을 거닐 때면 그 풍경을 오래 간직하고 싶다는 생각을 하게 됩니다. 밖에서 본 것을 간단하게 그림으로 남겨도 되겠지만 조금 더 신경 써서 오래 보관할 수 있다면 좋겠지요. 요즘은 그림을 그릴 때 화학적으로 만든 물감이나 크레파스 등을 이용하지만 과거 우리 조상들은 그림을 어떻게 그렸을까요? 자연의 재료를 이용해 색을 만들고 그림을 그려봅시다. 먹과 자연물을 이용해 그린 그림으로 족자를 만들어 걸어두면 가을의 풍경이 오래도록 마음에 남을 거예요.

1. 검정 색지를 긴 직사각형 모양으로 잘라주고 한지는 도화지보다 좀 더 작게 손으로 찢어서 준비합니다.
(검정 색지 사이즈 : 21×39cm, 한지 사이즈 : 18×32cm)

2. 옛날에는 그림을 어떻게 그렸는지 이야기하며 자연물을 이용해서 색깔 물을 만들어봅니다. 어떤 색을 어떤 재료로 만들 수 있을지 연구하는 것도 도움이 됩니다.

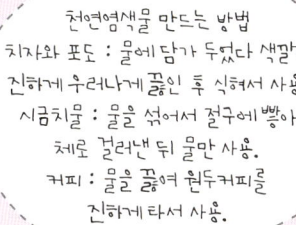

천연염색물 만드는 방법
치자와 포도 : 물에 담가 두었다 색깔이 진하게 우러나게 끓인 후 식혀서 사용.
시금치물 : 물을 섞어서 절구에 빻아 체로 걸러낸 뒤 물만 사용.
커피 : 물을 끓여 원두커피를 진하게 타서 사용.

3. 붓에 먹물을 묻혀 한지에 바탕 그림을 그려줍니다. 가을의 풍경이나, 꽃 그림 등을 그립니다.

자연물로 만든 색깔이 너무 연하면 식용 색소나 수채화물감을 섞어주면 조금 더 선명한 색상을 얻을 수 있어요.

4. 바탕 그림이 완성되면 2에서 만든 색깔 물을 이용해서 채색을 합니다.

그림을 말렸다가 다음 날 계속 놀이를 진행해도 됩니다.

5. 다 칠했으면 잘 말려주고 수수깡과 마끈을 준비해둡니다.

6. 검정 색지에 한지를 풀로 붙여주고 수수깡은 글루건을 이용해 검정 색지 위아래로 붙여줍니다. 마끈은 위쪽 수수깡 막대에 묶어서 걸이를 만들어주면 됩니다.

수수깡이 없으면 종이를 말아서 쓰거나 나뭇가지 또는 띠골판지 등을 이용해도 됩니다.

12 사포 그림 그리기
조각조각 이어 붙인 멋진 가을

■ **주제 관련 도서**
꼬마 곰의 가을/자닌 브라이언/키즈엠,
가을이 왔어요/찰스 기냐/키즈엠,
가을/소피 쿠샤리에/푸른숲주니어,
가을을 만났어요/이미애/보림,
소리 나는 물감 상자/바브 로젠스톡/스콜라

■ **준비물**
크레파스, 사포(거친 정도가 다른 종류로 여러 개 준비),
투명테이프, 풀, 8절 도화지

가을은 다채로운 자연의 색상을 볼 수 있어서 눈이 즐거운 계절입니다. 유치원이나 어린이집에서는 그런 계절의 변화를 아이들이 느낄 수 있도록 프로그램을 다채롭게 구성합니다. 그중 명화를 활용한 수업은 엄마들이 집에서 아이와 함께 하기에 부담 없으면서도 심미안을 길러주는 좋은 방법입니다.

칸딘스키의 작품을 살펴보고 아이와 동심원을 그리며 가을을 표현해보세요. 칸딘스키는 서로 다른 색들이 어떻게 균형을 이루는지를 찾기 위해 대담하고 화려한 색깔로 작품을 표현했다고 해요. 칸딘스키의 '동심원이 있는 정사각형' 그림을 보고 가을의 색깔을 평범한 가을의 색상이 아닌 다채로운 색상으로 표현해볼까요? 사포 위의 면을 분할해서 좀 더 다양한 색깔을 이용해 그림을 그리게 해보세요. 알록달록한 색감과 거친 사포의 촉감을 함께 느끼며 시각과 촉각을 함께 발달시킬 수 있답니다.

대형 마트에 가면 작은 조각으로 잘라둔 사포를 구매할 수 있어요.

1. 거친 정도가 다른 사포 여러 장을 준비해서 작은 조각으로 잘라둡니다. 아이와 함께 사포 조각을 손을 만져본 후 그 느낌에 대해서 이야기를 나눠보세요.

2. 사포 조각을 뒤집어서 투명테이프로 붙여 큰 조각으로 만듭니다. 거친 정도가 다른 사포를 섞어서 붙여주세요.

조각이 많으면 엄마와 아이가 조각을 나눠서 색칠해도 괜찮습니다.

3. 흰색 크레파스를 이용해서 스케치를 합니다. 가을 나무나 가을 풍경 등 그리고 싶은 그림을 그려줍니다.

4. 스케치가 끝났으면 투명테이프를 떼고 사포에 여러 가지 색을 이용해서 색칠을 합니다.

칸딘스키의 작품이나 관련 동화책을 읽으며 활동하면 좋아요.

5. 색칠이 끝나면 사포 조각을 맞춰서 작품을 완성해줍니다.

6. 흰색 도화지에 사포 조각을 풀로 붙이고 작품의 제목을 적어주면 사포 조각에 그린 그림이 완성됩니다.

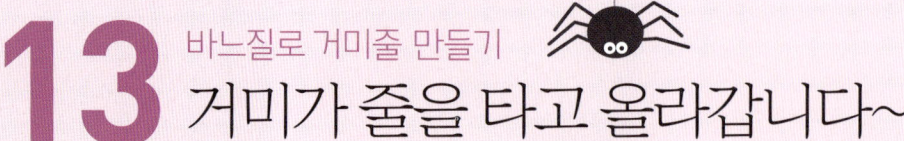

13 바느질로 거미줄 만들기
거미가 줄을 타고 올라갑니다~

■ **주제 관련 도서**
진짜진짜 재미있는 거미 그림책/클라우디아 마틴/부즈펌,
거미와 파리/메리 호위트/열린어린이,
거미 아난시/제럴드 맥더멋/열린어린이,
거미가 줄을 타고 올라갑니다/조미자/시공주니어,
거미가 줄을 타고/이성실/비룡소

■ **준비물**
검정 우드락, 굵은 흰색 실(명주실),
송곳, 스티로폼 공(지름 4cm, 3cm), 칼,
아크릴물감, 모루, 가위, 글루건, 꾸미기 눈알, 이쑤시개

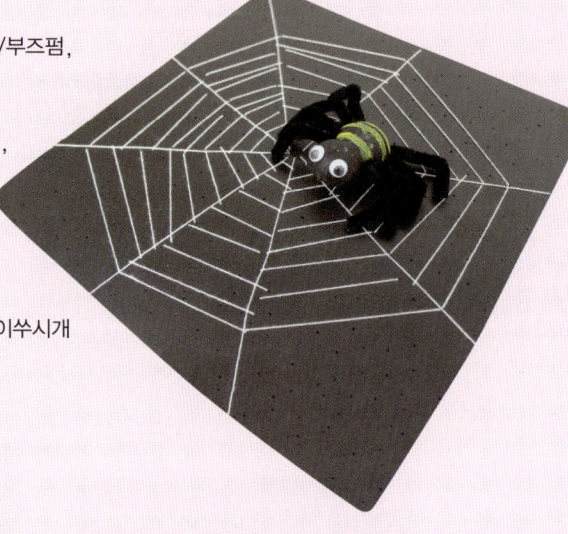

　한번은 아이들과 거미박물관에 간 적이 있습니다. 곤충이나 벌레라면 질색인 저와는 달리 커다란 타란튤라도 손 위에 척 올리는 딸을 보고 아주 용감하다고 칭찬해줬어요. 아이들에게는 거미가 징그럽기보다는 신기하고 재미난 존재인가 봐요. 시간이 지나면 개미만 봐도 화들짝 놀랄지도 모르지만 어른이 되더라도 아이들이 곤충을 무서워하지 않기를 바라며 거미줄 만들기를 해볼까요? 실을 한 땀 한 땀 엮어 거미줄을 만들고 모루로 귀여운 거미를 만들다 보면 곤충에 대해서 좀 더 친숙하게 느낄 수 있을 거예요.

①
송곳은 위험하니 조심해서 사용할 수 있도록 지도합니다.

검정 우드락에 송곳으로 구멍을 뚫어줍니다. 최대한 많이 뚫어야 실을 꿸 때 힘들지 않습니다.

②

거미와 거미줄에 관련된 책을 보고, 새롭게 알게 된 내용에 대해 이야기를 나눕니다. 바늘에 흰색 실을 꿰어 거미줄을 만들 차례입니다. 가장자리에서부터 중앙으로 길게 실을 끼워줍니다. 방사형으로 8개의 선을 만든 후 바깥쪽부터 테두리를 하나씩 이어갑니다.

③
어린아이라면 구멍을 크게 뚫어주고 털실과 돗바늘을 이용해서 거미줄을 만들면 됩니다.

큰 테두리가 완성이 되었으면 하나씩 안쪽으로 점점 좁게 실을 이어줍니다. 거미줄이 촘촘해졌습니다.

④
스티로폼 공을 이쑤시개에 꽂고 칠하면 손에 묻히지 않고 색칠할 수 있습니다.

스티로폼 공을 반으로 잘라서 검정 아크릴 물감으로 칠합니다. 물감이 다 마르면 노란 아크릴물감으로 무늬도 그려줍니다.

⑤

글루건을 이용해서 스티로폼 공 2개를 붙이고 꾸미기 눈알도 붙여줍니다.

⑥

모루를 5cm 길이로 자른 후 앞부분은 털을 떼어내서 철사가 드러나게 합니다.

⑦

철사가 드러난 쪽을 스티로폼 공으로 된 몸통에 끼우면 거미가 만들어집니다. 미리 만들어둔 거미줄과 거미를 가지고 재미나게 이야기를 만들며 놀아보세요.

자연물을 이용한 거미줄 모빌 만들기

나뭇가지와 지끈이나 마끈, 털실 등으로 자연물 거미줄을 만들어보세요. 아이와 함께 만들어서 바람이 부는 곳에 매달아주면 살랑살랑 흔들리는 모빌이 된답니다. 거미를 만들어서 붙여도 좋고 크게 만들어서 벽에 붙여도 좋습니다.

나뭇가지 3개를 별 모양으로 겹쳐서 가운데를 끈으로 고정시킵니다. 그런 다음 지끈(마끈이나 털실)으로 안쪽에서부터 바깥쪽으로 나뭇가지를 하나하나 엮으면 거미줄이 완성됩니다. 한쪽 나뭇가지에 길게 줄을 이어서 집 안에 묶어주면 됩니다.

준비물:
나뭇가지 3개,
지끈(털실, 마끈도 가능)

14 재활용품을 활용한 과일 바구니
장바구니 들고 가을 장터로 가자

■ **주제 관련 도서**
가을이 좋아/한미숙/대교,
수잔네의 가을/로트라우트 수잔네 베르거/보림큐비,
숲 속의 숨바꼭질/수에요시 아키코/한림출판사

■ **준비물**
컵라면 용기, 꽃 모양 스팽글,
운동화 끈(리본으로도 가능),
허니컴 종이(노란색, 빨간색),
솜방울(보라색, 파란색),
휴지, 가위, 색종이, 글루건, 풀

　컵라면 용기 등 재활용품으로 바구니를 만들어보세요. 여기에 가을의 색깔처럼 알록달록하게 만든 과일을 가득 담아봅니다. 가을 과일은 집에 있는 재료를 활용해서 만들면 됩니다.
　장바구니와 과일이 준비되면 가을 장터로 떠나는 거예요. 시장 놀이를 통해 과일을 사고팔면서 가을의 햇과일에 대해서도 알 수 있어요

① 컵라면 용기를 13등분해서 가위로 길게 잘라줍니다. 아이가 어리면 등분을 줄여도 됩니다. 단, 홀수로 나눠야 합니다.

② 운동화 끈을 라면 용기 아래에서부터 교차로 끼워줍니다. 시작점은 투명테이프를 붙여 표시해둡니다. 중간에 끈이 모자라면 매듭을 묶어서 연결해주세요.

③ 운동화 끈 3개를 매듭을 묶어 풀리지 않게 한 뒤 땋아줍니다. 땋는 것을 아이가 어려워하면 엄마가 잡아주면서 풀어지지 않게 도와주세요. 라면 용기의 손잡이로 쓸 만큼만 땋고 끝은 매듭을 지어주세요.

④ 땋은 운동화 끈을 매듭이 있는 곳에서 잘라 2의 라면 용기에 끼워줍니다. 테이프로 붙일 필요 없이 라면 용기에 둘러진 운동화 끈에 땋은 매듭을 넣어주면 됩니다.

⑤ 허니컴 종이를 반원 모양으로 2개를 잘라서 풀로 이어 붙이면 원 모양이 만들어집니다. 색종이를 잎 모양으로 잘라 붙이면 빨간색은 사과, 노란색은 유자가 됩니다.

더 자세한 허니컴 종이 활용법은 185쪽 참조.

시장 놀이를 통해 과일을 세는 단위, 돈의 단위에 대해서도 배우게 되므로 자연스럽게 수학과 연계 활동이 가능합니다.

⑥ 보라 솜방울을 글루건으로 붙여서 포도송이를 만들고 줄기는 색종이를 잘라서 붙여줍니다. 파란 솜방울에 스팽글을 글루건으로 붙여 블루베리를 만들어줍니다.

⑦ 휴지를 뭉쳐 주황 색종이로 감싸서 동그랗게 만든 다음 초록 색종이를 잎 모양으로 자르고 단추를 붙여 감을 만듭니다.

⑧ 다 만든 과일들을 테이블에 펼쳐두고 시장 놀이를 해요. 사고파는 역할을 바꾸어가며 역할놀이도 해봅니다.

종이 접기 책이 있다면 수국 접기를 활용해서 감의 꼭지를 만들 수도 있어요.

15 가을 별자리 전등 만들기
반짝반짝 아름다운 밤하늘

■ **주제 관련 도서**
밤하늘 별 이야기/세키구치 슈운/진선북스,
봄 여름 가을 겨울 별자리 이야기/지호진/진선아이,
나의 별자리-별을 만져 보아요/금동이책/점자,
별자리를 만들어 줄게/이석/뜨인돌어린이

■ **준비물**
티라이트, 검정 머메이드지, 송곳, 풀, 가위,
흰색 젤리볼펜, 별 모양 스티커

　계절이 바뀌면 가까운 시민천문대에 예약을 해서 별자리를 보러 가곤 합니다. 그런데 날씨가 워낙 변덕스럽다 보니 예약을 해서 간 날 중 맑았던 날이 거의 없었어요. 딱 한 번, 천체망원경으로 가을철에 별자리를 본 적이 있는데, 해설가의 설명을 듣기 전에 본 밤하늘과 듣고 난 후의 밤하늘이 너무나 다르게 느껴졌습니다.
　천문대 체험은 쉽게 할 수 있는 체험은 아닙니다. 대부분의 천문대가 깊은 산 속에 위치해 있기 때문이지요. 하지만 요즘은 시내에 있는 과학관에서 별자리를 체험해볼 기회가 가끔 있습니다. 아이랑 이런 체험을 다녀온 후에 별자리에 대해 더 알아보고 나만의 별자리 전등을 만들어보면 어떨까요?

전개도를 자를 때 접히는 부분을 칼등으로 살짝 그어주면 수월하게 접을 수 있습니다.

별자리 모양이 복잡하면 엄마가, 간단하면 아이가 그리면 됩니다.

검정 머메이드지에 가로 7cm x 세로 7cm의 정육면체 전개도를 그려주세요. 이때 아래는 막히지 않고 뚫려 있어야 하기 때문에 바닥 면은 빼고 5개 면만 그려줍니다.

4계절의 대표적인 별자리들을 알아보고 만들고 싶은 별자리를 고릅니다. 고른 별자리를 전개도에 연필로 그려줍니다.

송곳을 사용할 때 스티로폼이나 두꺼운 우드락을 밑치고 하면 좋습니다.

송곳으로 별자리를 뚫어줍니다. 너무 세게 찌르면 종이가 찢어질 수도 있고 뾰족해서 다칠 수도 있으니 엄마와 같이 조심해서 진행합니다.

전개도를 접으면서 어떤 모양이 나오는지 살펴보고 입체 도형에 대해서 알아보는 시간을 가집니다. 집에 있는 상자나 다른 모양 물건들을 함께 살펴보면 더 좋습니다.

야광 별자리 스티커 붙이기

아이들이 자는 방 전등에 야광 별자리 스티커를 붙여보세요. 잠들려고 불을 끄면 마술처럼 별자리가 나타난답니다. 별자리에 관련된 이야기를 도란도란 나누다 보면 엄마의 이야기 소리에 아이들은 금방 꿈속으로 빠져들 거예요.

상자의 윗부분에 글씨를 쓰고 별을 그려주거나 별 모양 스티커를 붙여서 꾸며줍니다.

티라이트를 켜고 완성한 상자를 덮어주면 별자리 전등이 완성됩니다.

삼각뿔, 사각뿔 등 다양한 입체 도형 모양으로 전등을 만들 수 있어요.

별자리, 가을 별자리 검색어 → constellation, autumn constellation

겨울에 하는 놀이

알록달록한 색깔들이 물드는 가을이 지나고 쌀쌀한 바람이 불기 시작하면 아이도 어른도 움츠러듭니다. 유치원에서는 겨울이 시작되면 크리스마스, 연말, 방학 등 바쁜 일정을 보내게 되지요. 그리고 추운 날씨 탓에 바깥 활동보다는 실내 활동을 주로 하게 됩니다. 그래서 겨울은 이래저래 밖에서 뛰어 놀지 못해 아이들의 에너지 발산이 힘들어지는 시기이기도 합니다. 이런 시기에는 유치원에서 하기 힘든 과학 활동처럼 아이들의 호기심을 발동시키는 활동을 하면 좋아요. 눈은 왜 오는지, 하얀 눈은 왜 집에 가져오면 녹아버리는지, 아이들의 호기심은 끝이 없죠. 집 안에서 아이와 다양한 활동을 하면서 호기심 보따리를 펼쳐보세요.

01 정전기를 이용한 스노 글로브 만들기
수리수리 마수리, 눈이 내린다

- **주제 관련 도서**
  스노우볼 가족/제인 오코너/예림당,
  겨울이야기/질 바클렘/마루벌,
  SNOW/유리 슐레비츠/제이와이북스

- **준비물**
  반구(지름 18cm), 검정 색지,
  수정액, 펀치(또는 눈꽃 모양 펀치),
  글루건 또는 목공용 풀, 흰색 종이

겨울 하면 무엇이 떠오르는지 아이와 생각나누기를 해봅니다. 눈싸움, 눈사람 등의 대답이 제일 먼저 나올 거예요. 아이들에게는 눈놀이가 겨울 최고의 즐거움이죠.

눈 오는 날, 밖에서 신나게 놀고 왔다면 스노 글로브를 만들어볼까요? 간단한 만들기 활동 속에 과학의 원리가 숨어 있는 겨울 놀이입니다.

1. 검정 색지에 반구를 대고 연필로 따라 그려줍니다. 연필로 그린 선을 수정액으로 따라 그리고, 원 안에 겨울을 연상시키는 그림을 그립니다.

2. 흰색 종이를 길게 잘라 펀치로 뚫어 모양을 낸 종이를 많이 준비합니다.

눈꽃 모양 펀치를 이용하면 더 예쁜 작품을 만들 수 있어요.

3. 연필로 그린 원 속에 2에서 준비한 종이를 넣고 글루건이나 목공용 풀을 이용해서 반구를 붙여줍니다.

4. 반구 주변을 수정액으로 그림도 그리고 글씨도 써서 꾸밉니다.

5. 완성된 스노 글로브를 가지고 놀아요. '수리수리 마수리 눈송이들아 붙어라, 얍!' 하면서 손바닥을 반구에 대면 정전기로 인해 종이 눈꽃들이 반구에 달라붙을 거예요.

6. 정전기가 잘 생기지 않는다면 스웨터나 목도리 등을 이용해서 반구를 문지르면 됩니다. 반구 주변에 달라붙는 종이 눈꽃을 보며 아이와 즐거운 놀이를 이어 가세요.

책을 통해 정전기 현상에 대해 알아보며 생각을 확장시켜보세요.

02 소금 눈 내리는 마을
메탄올을 이용해서 녹지 않는 눈 만들기

■ **주제 관련 도서**
멋쟁이 낸시의 눈 오는 날/제인 오코너/국민서관,
눈은 왜 내릴까요?/김정흠/다섯수레,
두근두근 날씨!/이상교/고래가숨쉬는도서관

■ **준비물**
유리병, 여러 가지 색의 매직펜,
꽃소금, 메탄올,
글루건, 꾸미기 재료 조금

메탄올은 약국이나 과학 재료를 파는 곳에서 구입할 수 있습니다.

겨울에는 눈, 추위, 크리스마스, 겨울방학 등 아이들과 활동할 주제가 많습니다.
눈이 오는 날이면 눈싸움도 하고 눈 위에서 뒹굴기도 하면서 신나게 놀 수 있으니 아이들은 눈이 오기를 기다립니다. 너무 추워서 밖에 나가기 힘든 날, 따뜻한 코코아 한 잔으로 몸을 녹이며 눈은 왜 오는지, 겨울은 왜 추운지에 대해 아이와 이야기를 나누어 보면서 간단한 방법으로 과학 활동까지 겸할 수 있는 만들기 활동을 해보아요.

1. 아이와 유리병에 검정 매직펜으로 마을을 그려줍니다.

2. 밑그림이 번지지 않게 주의하면서 다양한 색의 매직펜으로 채색을 합니다.

소금을 넣기 전, 소금을 메탄올이나 알코올에 넣으면 녹을지 안 녹을지 미리 이야기를 나누고 관련 책을 찾아보세요. 소금은 물, 메탄올, 에탄올에는 녹지만 벤젠, 기름, 아세톤과 같은 무극성 용액에서는 녹지 않습니다.

3. 메탄올과 소금을 준비한 후 메탄올을 조심해서 유리병에 붓습니다.

4. 아이와 함께 소금을 병 속에 넣어줍니다. 소금은 넉넉하게 넣는 게 좋아요. 너무 적게 넣으면 시간이 지나 녹아버릴 수도 있어요.

메탄올은 아이들이 다루기에 위험한 물질이므로 꼭 엄마가 병에 부어줍니다.

5. 소금을 다 넣었으면 병뚜껑을 닫고 병 주변을 글루건이나 테이프로 붙여서 알코올이 새지 않도록 합니다. 꾸미기 재료로 병 주변을 꾸며도 됩니다.

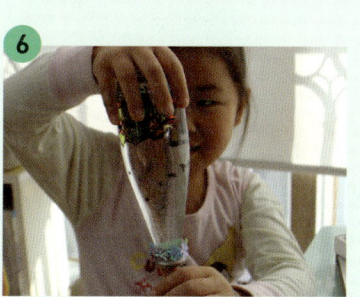
6. 병을 뒤집었다 바로 세워보면서 소금의 변화를 관찰합니다. 눈이 내리는 것처럼 알코올 속을 떠다니는 소금을 볼 수 있어요.

기름과 물로 만드는 스노 글로브

식용유와 물은 섞이지 않아요. 이런 액체의 성질을 이용해서 스노 글로브를 만들어봅니다. 먼저 병뚜껑 안쪽에 겨울 장식을 만들어 글루건으로 붙여둡니다. 그런 다음 작은 병에 식용유를 가득 넣고 흰색 물감을 물에 풀어서 떨어뜨려줍니다. 뚜껑을 닫은 다음 뒤집어서 기름과 섞이지 않는 흰색 물방울들을 관찰해봅니다.

준비물 : 잼병, 식용유, 물, 스포이트(또는 작은 투약병), 꾸미기 재료(모루, 흰색 솜방울 등), 흰색 물감, 글루건

03 우리 집에 찾아온 겨울 손님
기저귀로 꼬마 눈사람 만들기

- **주제 관련 도서**
  눈사람 아저씨/레이먼드 브리그스/마루벌,
  눈사람/송창일/키즈엠,
  꼬마 눈사람 스탄/히도 반 헤네흐텐/현북스,
  눈사람/송창일/파랑새

- **준비물**
  기저귀, 큰 그릇, 쟁반(큰 것, 작은 것),
  물, 당근 조각, 나뭇가지,
  솔방울 등의 자연물 조금, 가위

    눈이 펑펑 내린 날, 가족들과 함께 눈사람을 만들어본 적이 있나요? 눈을 뭉치고 나뭇가지나 솔방울 등을 이용해 눈, 코, 입, 팔도 만들어주고 나면 그 눈사람을 집에 데려오고 싶어지죠. 그래서 아이들은 집에 들어와서도 창문을 통해 자신이 만든 눈사람을 녹기 전까지 지켜보곤 해요. 그런 모습을 볼 때면 '녹지 않는 눈사람이 있으면 얼마나 좋을까' 하는 생각이 듭니다. 기저귀의 충전재를 이용해서 녹지 않는 눈사람도 만들고 아이들이 너무나 좋아하는 올라프도 만들어보아요.

1. 기저귀의 윗부분을 잘라서 물을 흡수하는 충전재 부분만 큰 그릇에 담아줍니다.

2. 충전재를 살피고 직접 만져 촉감을 느껴 본 후 물을 조금씩 부어가며 뭉칩니다. 뭉친 후 충전재가 어떻게 변하는지 촉감을 느껴봅니다.

> 물을 너무 많이 넣으면 잘 뭉쳐지지 않고 부스러지니 반죽의 농도를 조절해주세요.

3. 조금씩 부피가 커지는 기저귀 충전재를 반죽하며 잘 뭉쳐질 때까지 물을 조금씩 더 넣어줍니다.

4. 기저귀 충전재를 반죽해서 눈사람 모양으로 만들고 나뭇가지로 팔을 만들어줍니다.

> 다음 날 작품에 어떤 변화가 있는지 관찰해주세요. 수분이 증발해 점점 말라가는 모습을 보고 물의 증발에 대해서도 배울 수 있습니다.

5. 작은 쟁반에 물에 적신 기저귀 충전재를 깔고 4에서 만든 눈사람을 올린 후 솔방울 등의 자연물로 주변을 꾸며줍니다.

6. 큰 쟁반에 만화에 나온 눈사람을 만들어보세요. 충전재를 뭉쳐서 머리, 가슴, 배, 다리를 만듭니다.

7. 나뭇가지와 당근, 솔방울 등의 재료를 이용해서 코, 눈, 팔, 머리카락 등을 만들면 녹지 않는 눈사람이 완성됩니다.

04 겨울 최고의 간식을 찾아라
붕어빵 가게 놀이

■ **주제 관련 도서**
붕어빵 형제/허윤/책먹는아이,
붕어빵 한 개/김향이/푸른숲,
붕어빵 가족/김동광/아이세움

■ **준비물**
작은 종이상자, 나무젓가락,
색종이, 가위, 풀, 글루건, 크레파스,
음료 슬리브, 커피 스틱, A4 용지

　붕어빵을 사서 먹으면 어느 부위부터 먹는지를 가지고 만든 우스갯소리도 있지만, 딸이 꼬리부터 덥석 먹는 모습을 보면서 붕어빵처럼 엄마랑 참 많이도 닮았다는 생각을 해봅니다. 겨울에 길거리에서 사먹는 붕어빵은 어른 아이 할 것 없이 좋아하는 간식이지요. 아이와 함께 종이상자로 붕어빵 가게를 만들어보세요. 봉투도 만들어 가게 놀이를 하는 거예요. 붕어빵을 굽는 척도 하고 '붕어빵 주세요' 하고 손님이 오면 봉투에 담아 팔기도 하면서 붕어빵 가게 주인이 된 것처럼 재미나게 놀아봅니다.

광고라는 말이 아이들에게는 어려울 수 있어요. 신문의 광고면을 가지고 무엇을 파는 광고일까 알아맞히는 놀이를 같이 해도 좋아요.

1. 붕어빵 가게의 광고를 만들어 상자 옆면에 붙여줍니다.

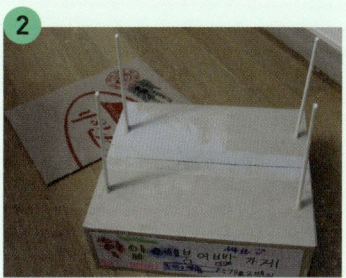

2. 종이상자 위에 나무젓가락 네 개를 붙여 기둥을 세워줍니다. 나무젓가락은 글루건으로 단단히 고정합니다.

3. 가게 지붕을 만들 차례입니다. 종이상자를 하나 더 준비해서 2의 상자를 덮을 만큼 넉넉한 크기의 사각형으로 자른 뒤 중간을 칼로 그어 반으로 접어줍니다.

4. 만든 지붕을 2의 상자 위에 글루건을 이용해서 붙이고 색종이로 지붕을 꾸며줍니다.

5. 음료 슬리브를 붕어빵 모양으로 잘라 준비합니다.

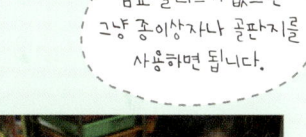

음료 슬리브가 없으면 그냥 종이상자나 골판지를 사용하면 됩니다.

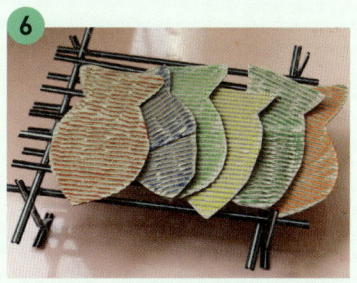

6. 붕어빵을 크레파스로 칠하고, 글루건과 커피 스틱을 이용해서 붕어빵을 올릴 틀을 만들어줍니다.

7. 종이로 봉투를 만듭니다. 크레파스로 봉투를 꾸며주어요.

8. 아이와 재미있게 붕어빵 가게 놀이를 합니다.

가게 놀이는 아이의 사회성을 키우기 좋은 활동입니다. 역할을 바꿔가면서 재미나게 가게 놀이를 해보세요.

05 알록달록 색깔 눈이 내리는 겨울
종이를 구겨 겨울 하늘 표현하기

■ **주제 관련 도서**
하얀 눈 환한 눈/앨빈 트레셀트/비룡소,
마법이 시작될 거야!/레인 말로우/키즈엠,
겨울 할머니/필리스 루트/느림보,
터무니없어 씨/로저 하그리브스/나비북스

■ **준비물**
양면 색상지, 목공용 풀,
파란 8절 양면 색상지, 휴지심,
포장용 에어캡, 흰색 물감, 붓

　큰 아이가 7살 때 아주 좋아했던 〈터무니없어 씨〉라는 책에 하얀 눈이 내리지 않고 노란 눈이 내리는 '터무니없어 나라'가 있었어요. 아이들은 치즈 같은 노란 눈이 내린다는 믿을 수 없는 내용의 이 책을 유난히 좋아했지요. 하얀 눈이 아니라 색색깔의 알록달록한 눈이 내리면 어떨까요? 아이들에게 물어봤더니 그러면 진짜 재미있겠다고 깔깔깔 웃었던 기억이 나네요. 항상 당연하게 여기는 것들을 색다른 방법으로 표현해보면 어떨까요? 아이들과 종이를 구겨서 색색깔의 다양한 눈을 만들어보세요.

150

1. 양면 색상지를 길게 잘라 여러 개를 준비합니다. 색상, 두께를 조금씩 달리해줍니다.

2. 색장지를 손으로 돌돌 말아줍니다.

3. 파란 양면 색상지, 흰색 물감을 준비하고 포장용 에어캡은 휴지심 길이에 맞춰서 잘라줍니다.

4. 포장용 에어캡을 휴지심에 말아서 붙이고 흰색 물감을 진하게 타서 칠합니다. 흰색 물감을 칠한 에어캡을 파란 양면 색상지 위에 굴려서 색칠해줍니다.

5. 눈 내리는 배경이 되도록 자유롭게 표현해보세요.

6. 5가 다 마르면 목공용 풀로 더하기 모양을 그려준 뒤 2에서 만든 색상지를 붙여줍니다.

목공용 풀이 다 마르면 벽에 붙여서 전시를 할 수 있어요.

06 소금으로 표현하는 첫눈
겨울이면 한마음으로 기다려지는 날

■ **주제 관련 도서**
눈 오는 날/엠마누엘레 베르토시/북극곰,
큰 눈 내린 숲 속에는/베타 하더/지양어린이,
눈 미끄럼 타는 할아버지/이상권/시공주니어,
저거 봐, 마디타, 눈이 와!/아스트리드 린드그렌/바람의아이들

■ **준비물**
도화지, 마스킹테이프, 가위,
수채화물감, 물, 소금(굵은 소금, 꽃소금),
눈꽃 모양 펀치

겨울이 오면 아이들은 항상 눈이 오기를 목이 빠져라 기다립니다. 아이들에게 눈은 즐거움 그 자체인데, 해가 갈수록 겨울에 눈 오는 날이 줄어들어 아쉬운 마음이 듭니다. 수채화물감으로 색칠하고 소금을 뿌려 눈이 내리는 느낌을 표현해볼까요? 예쁜 눈꽃을 그리는 동안 진짜 눈이라도 내린다면 아이들의 기쁨도 배가 되겠지요.

1
도화지 4장을 준비합니다. 도화지의 크기나 색깔은 상관없습니다. 눈꽃 모양 자료도 준비하면 좋습니다.

2
도화지 위에 마스킹테이프로 각각 다른 모양의 눈꽃을 4개 만들어줍니다.

다양한 눈꽃 모양을 검색한 자료를 준비해서 참고하면 좋습니다.

3
수채화물감에 물을 많이 섞어서 바탕을 칠합니다.

4
수채화물감이 마르기 전에 소금을 흩뿌려줍니다. 굵은 소금을 군데군데 뿌리고 꽃소금도 뿌려줍니다.

천에 그리는 눈꽃

천에 염색을 하는 방법은 다양합니다. 물감, 크레파스, 펜 등 다양한 염색 재료들이 시중에 판매되고 있지요. 아이들과 염색용 색종이를 이용해서 눈꽃 모양을 오려 염색해보세요. 눈꽃 모양이 아니라도 좋아요. 종이에 염색 색종이를 찢거나 잘라 붙인 후 뒤집어 다림질을 하면 간단히 염색할 수 있답니다. 아이가 염색한 작품을 전시해서 겨울 느낌을 내보세요.

5
물감이 다 마르면 소금과 마스킹테이프를 떼어냅니다.

6
눈꽃 모양 펀치로 눈꽃 모양을 많이 찍어낸 뒤 그림에 붙여주면 겨울 그림 액자가 완성됩니다.

준비물: 염색용 색종이, 가위, 천(리넨이나 마, 면), 다리미

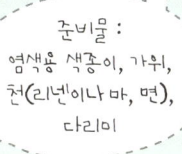

눈꽃 모양 종이 접기 검색어 ─ snowflake origami

눈꽃 모양 검색어 ─ snowflake clipart

153

07 세상에서 가장 달콤한 눈사람
고구마와 과자를 이용한 눈사람 요리

■ **주제 관련 도서**
따뜻한 눈사람/이효선/책먹는아이,
눈사람 씨/로저 하그리브스/나비북스,
꼬마 눈사람 말미/게르트 한/키즈엠,
눈사람 아저씨와 눈강아지/레이먼드 브리그스/마루벌

■ **준비물**
삶은 고구마, 삶은 달걀, 큰 그릇,
굵은 거름망, 크래커&샌드과자,
막대과자, 초코볼, 크림치즈

　첫째가 여섯 살 때 눈 오는 날 자기가 만든 눈사람을 집에 가지고 들어가면 안 되냐고 물어보더라고요. 눈이 녹아서 안 된다니까 선풍기를 강풍으로 틀어놓고 베란다에 두면 된다고 해서 아이의 천진난만함에 웃었던 기억이 있습니다. 아이들에게 눈사람은 녹아버려 너무나 아쉬운 존재인가 봐요. 아이들과 요리 활동을 하며 눈사람을 만들어볼까요? 따뜻한 집에서도 녹지 않는 눈사람을 만들어 귀엽게 꾸며보고 놀이가 끝나면 맛있게 먹을 수 있어요.

고구마를 삶아서 으깹니다.

으깬 고구마를 동그랗게 만들어줍니다.

절구통에 크래커를 넣고 빻아서 가루로 만들어줍니다.

2에서 만든 고구마볼을 크래커 가루에 굴려서 가루를 골고루 묻혀줍니다.

> 위생장갑을 끼면 고구마 반죽이 들러붙어 제대로 만들기가 어려워요. 손을 깨끗하게 씻고 손으로 동그랗게 만들어줍니다.

굵은 거름망에 달걀 흰자를 으깬 다음 접시에 올려놓습니다.

달걀 흰자를 뿌린 접시에 4에서 만든 고구마볼을 올려서 눈사람 모양을 만듭니다.

과자를 이용해서 눈사람을 꾸며주면 달콤한 눈사람이 완성됩니다.

> 과자나 초코볼을 붙일 때는 크림치즈를 발라주면 잘 붙습니다.

08 털실 컵 받침 만들기
따끈한 차가 생각날 때

■ **주제 관련 도서**
통통통 털실 네 뭉치/오오시마 타에코/아이세움,
애너벨과 신기한 털실/맥 바넷/길벗어린이,
털실 한 뭉치/홍종의/국민서관

■ **준비물**
종이상자, 털실, 돗바늘, 가위, 사인펜

　겨울에는 따끈한 차를 많이 마시게 되지요. 두툼한 머그잔에 달콤하고 뜨거운 코코아를 타서 마시면서 이야기를 하다 보면 지루한 겨울밤도 훌쩍 지나가지요. 찻잔을 놓을 수 있는 컵 받침을 만들어볼까요? 유치원에서 손유희 활동으로 뜨개질을 자주 하는데, 집에 있는 털실로 컵 받침을 만드는 거예요. 요리조리 털실을 끼우다 보면 소근육도 발달되고, 실생활에서 활용할 수도 있어 아이들의 자신감도 커질 거예요.

1. 종이상자를 원형으로 자르고 중앙에 구멍을 낸 뒤 가장자리 부분을 빙 둘러 1cm씩 잘라줍니다. 13~15군데 정도 자르되 홀수로 맞춰주어야 합니다.

2. 털실을 구멍으로 통과시킨 후 원의 가장자리 잘라낸 곳 중 한곳에 끼워 감아 매듭을 묶어줍니다.

> 털실을 너무 길게 자르면 엉켜서 힘드니 중간에 매듭을 짓더라도 적당한 길이로 잘라주세요.

3. 이 과정을 계속 반복해서 한 칸씩 털실을 끼워 돌려감습니다.

4. 돌려감기가 끝나면 다른 색 실과 매듭을 묶어줍니다.

5. 털실 끝자락을 가운데 구멍으로 빼서 앞쪽 면에 고정된 실 위아래로 교차하면서 돌려가며 짭니다.

6. 여러 가지 색의 실을 섞어가며 짭니다. 색이 다양할수록 예쁜 무늬가 나옵니다.

7. 털실 감기가 끝나면 털실 끝자락을 종이 뒤쪽으로 보내 다른 실 사이로 끼워넣어 고정한 후 나머지는 잘라냅니다. 그런 다음 투명테이프나 목공용 풀로 떨어지지 않게 붙여줍니다.

8. 사인펜을 이용해서 꾸며줍니다.

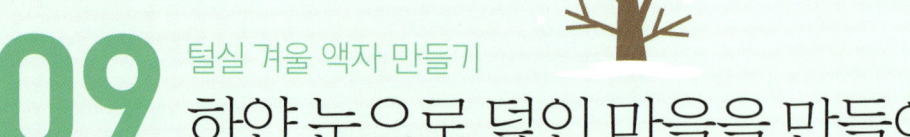

09 털실 겨울 액자 만들기
하얀 눈으로 덮인 마을을 만들어요

■ **주제 관련 도서**
눈 오는 날/에즈라 잭 키츠/비룡소,
찰리와 롤라 세상에서 눈이 제일 좋아/로렌 차일드/국민서관,
겨울을 만났어요/이미애/보림

■ **준비물**
종이상자, 털실, 탈지면,
눈꽃 모양 스팽글, 반짝이 가루,
양면테이프, 목공용 풀, 가위, 색연필

　겨울은 따뜻한 털실을 이용해 만들기를 하기 딱 좋은 계절이지요. 목도리나 스웨터 등을 짜고 남은 털실로 아이와 함께 간단한 만들기 놀이를 해보세요. 종류가 다른 털실을 만지면서 촉감 놀이도 하고 겨울 풍경을 담은 액자도 만들어보는 거예요. 생각하지 못한 재료를 이용해서 작품을 만들다 보면 아이의 상상력을 자극할 수 있답니다.

1. 종이상자를 사각형과 액자틀 모양으로 잘라줍니다. 탈지면도 액자 틀 속에 들어갈 크기 정도로 잘라 준비합니다.

2. 액자 틀에 양면테이프를 붙입니다.

털실이 너무 길면 엉키니 적당한 길이로 잘라서 사용하세요.

3. 액자 틀 모서리 부분을 둥글게 자른 다음 털실로 감아줍니다.

4. 액자에 넣을 작품을 어떻게 꾸밀지를 생각하고 스케치를 해봅니다.

보들보들 털실 매트

털실 컵 받침과 비슷한 방법으로 작은 털실 매트를 만들 수 있어요. 두꺼운 종이를 준비해 위아래 가장자리를 1cm 정도 자른 뒤 실을 고정시킵니다. 다른 색깔의 실을 돗바늘에 끼워서 고정된 실의 위아래로 교차시키면서 매트를 짭니다. 적당한 크기로 완성되면 고정된 털실을 잘라 묶어주면 끝!

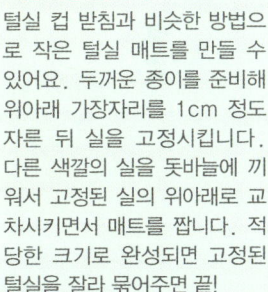

5. 스케치한 대로 탈지면을 잘라 붙이고 스팽글, 반짝이 가루 등 꾸미기 재료를 이용해서 꾸며줍니다.

6. 작품이 완성되었으면 목공용 풀을 테두리에 바르고 액자 틀을 붙이면 털실 그림 액자가 완성됩니다.

준비물: 두꺼운 종이, 여러 가지 색의 털실, 돗바늘

10 자연물 가습기 만들기
솔방울 꽃이 피었습니다

- **주제 관련 도서**
  말하는 소나무/고희선/나한기획,
  말하는 꾀꼬리와 춤추는 소나무/강소희/사계절,
  물의 여행/크리스텔 위에 고메즈/다산기획

- **준비물**
  솔방울, 나뭇가지, 종이상자,
  글루건, 큰 그릇, 물,
  자연물 꾸미기 재료

겨울 날씨로 인해 달라지는 생활 모습을 알아볼까요? 추우니까 건조해서 털옷 등을 입을 때 정전기도 자주 생기고, 가습기도 필요하지요. 아이들과 겨울 날씨에 대해 이야기를 나누며 자연물 가습기를 만들어봅시다. 산책하면서 모아둔 솔방울과 나뭇가지로 건조함을 날려버릴 솔방울 꽃을 피워보아요.

1

솔방울을 깨끗하게 털어주고 솔방울의 모습을 관찰합니다.

2

큰 그릇에 물을 가득 붓고 솔방울을 담근 다음 솔방울의 변화를 살펴봅니다.

벌어져 있는 솔방울을 물에 넣으면 수분을 흡수해 오므라듭니다.

3

솔방울이 물을 머금고 오므라들면 수건으로 물기를 닦아줍니다.

4

종이상자를 네모 모양으로 자르고, 그 위에 나뭇가지, 자연물 꾸미기 재료를 글루건으로 붙여 작은 꽃밭을 만들어줍니다.

5

여기에 물에 적신 솔방울을 글루건으로 붙여줍니다.

솔방울에 물기가 남아 있기 때문에 꼼꼼하게 붙이지 않으면 떨어질 수 있어요. 자연물 재료로 꽃밭침을 평평하게 만들어 붙인 다음 그 위에 솔방울을 붙이면 보기에 더 좋아요.

6

햇볕이 잘 드는 곳에 두고 솔방울의 변화를 관찰합니다. 공기 중에 머금었던 수분을 뱉어내며 점점 벌어지는 솔방울의 모습을 볼 수 있을 거예요.

11 머리띠로 만드는 귀마개
추운 겨울, 나를 지켜주는 친구

■ **주제 관련 도서**
털장갑/잰 브렛/문학동네,
추워라 춥대장 나와라 눈대장/코이데 야스코/한림출판사,
장갑나무/윤여림/웅진주니어

■ **준비물**
안 쓰는 머리띠, 털실, 양면테이프,
천 조각, 실, 바늘, 펜, 꾸미기 재료,
펠트지 조금, 솜, 글루건

집에 안 쓰는 머리띠가 있나요? 서랍 속에 묵혀두지 말고 추운 겨울, 밖에 나갈 때 귀를 따뜻하게 해주는 귀마개로 만들어보면 어떨까요? 집에 있는 재료를 활용해서 예쁜 소품을 만들면 그 물건에 더욱 애착을 느끼게 될 거예요.

안 쓰는 머리띠에 양면테이프를 붙여줍니다.

머리띠에 털실을 돌려서 감아줍니다.

흰색 천을 둥근 모양으로 잘라 4장을 준비하고, 2장에는 펜을 이용해서 바느질할 곳을 그립니다. 이때 약 5cm 정도의 창구멍을 남겨줍니다.

천을 2장씩 겹쳐서 바느질을 합니다. 창구멍은 바느질하지 않고 남겨둡니다.

천을 뒤집어 창구멍으로 솜을 넣습니다.

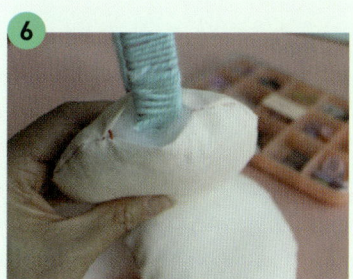

솜을 다 넣었으면 창구멍으로 머리띠를 넣어서 글루건으로 고정시키고 빠지지 않게 구멍을 바느질해서 막아줍니다.

펠트지와 여러 가지 꾸미기 재료를 이용해서 귀마개에 붙이고 싶은 동물을 만듭니다.

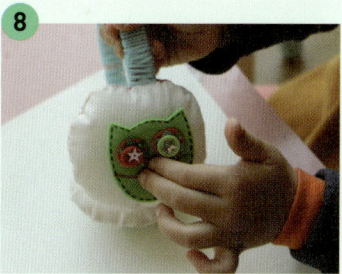

글루건으로 7에서 만든 동물을 6의 머리띠에 붙인 다음 나머지 꾸미기 재료로 머리띠 주변을 꾸며줍니다.

12 새콤달콤 귤로 뭘 만들까?
귤 껍질 핫팩 & 방향제 만들기

■ **주제 관련 도서**
자연을 먹어요!-겨울/오진희/내인생의책,
내가 좋아하는 과일/박선미/호박꽃,
구름빵 과일 좋아! 채소 좋아!/GIMC 외/한솔수북

■ **준비물**
귤 껍질, 양파망, 리본,
위생 비닐 봉지, 매직펜, 천 조각,
스테이플러, 가위

겨울 과일 하면 단연코 귤이지요. 새콤달콤한 맛에 껍질이 말랑해서 까기도 쉽고 먹기도 좋아서 겨울철 간식으로 그만입니다. 귤은 껍질도 쓰임새가 많은 과일이랍니다. 깨끗이 씻어 말려 차를 끓여먹기도 하고 집 안 곳곳에 두면 향기까지 은은하게 풍겨주지요. 아이들과 함께 귤 껍질을 이용해서 만들기를 해보아요. 쓸모없어 보였던 귤 껍질도 우리 아이들의 손을 거치면 소중한 물건으로 탈바꿈한답니다.

1. 아이와 귤을 나눠먹으며 겨울 과일에 대해서 알아보고 귤을 이용해서 무엇을 할 수 있는지 이야기를 나눠봅니다.

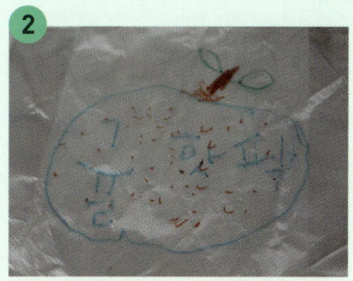

2. 작은 위생 비닐 봉지에 매직펜을 이용해서 귤 핫팩 주머니를 꾸며줍니다.

> 외출 전 귤 껍질 핫팩을 전자레인지에 1분 가량 돌려데우면 따뜻하게 사용할 수 있습니다.

3. 꾸미기가 끝났으면 봉지 속에 귤 껍질을 넣고 묶어준 뒤 위쪽은 잘라줍니다. 초간단 귤 껍질 핫팩이 완성되었습니다.

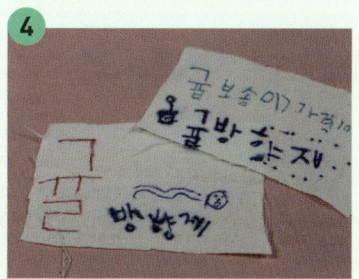

4. 작은 천 조각을 준비해서 네임펜이나 매직펜으로 귤 껍질 방향제 주머니를 꾸며줍니다.

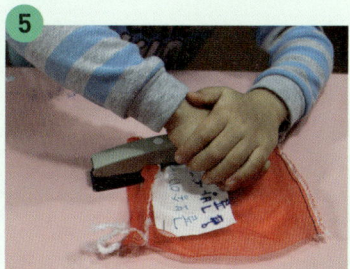

5. 양파망에 4의 천을 올리고 스테이플러로 찍어 고정시켜줍니다.

6. 양파망에 귤 껍질을 넣고 리본을 끼워 묶어주면 귤 껍질 방향제가 완성됩니다.

> 귤 껍질 방향제는 바람이 잘 통하는 곳에 두고 말려줍니다. 껍질을 잘게 잘라서 넣으면 향이 더 좋습니다.

13 펠트지 슬리퍼 만들기
차가워진 발을 포근하게 감싸줘요

- **주제 관련 도서**
  장갑/에우게니 M. 라쵸프/한림출판사,
  구두장이 꼬마요정/그림 형제/보림,
  빨간 장갑/짐 아일스워스/베틀북

- **준비물**
  펠트지, 탈지면, 실, 바늘, 가위,
  단추 또는 다른 꾸미기 재료, 글루건,
  네임펜, 종이(종류 상관없음)

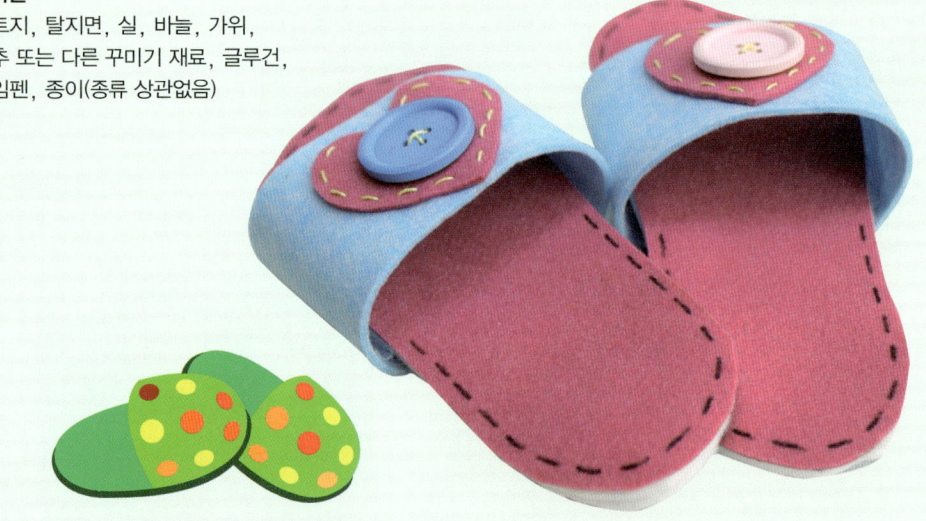

날씨가 추워지면 발끝까지 시린 느낌을 받습니다. 포근한 느낌의 펠트지로 실내용 슬리퍼를 만들어볼까요? 아이가 좋아하는 색의 펠트지에 탈지면을 덧대서 푹신하고 포근한 느낌의 실내화를 만들어봅니다.

1. 종이에 아이의 발 모양을 그린 다음 모양대로 오려줍니다. 종이는 본을 뜨는 데만 필요하기 때문에 재활용 종이를 이용해도 됩니다.

2. 펠트지에 종이 본을 대고 네임펜으로 본보다 0.5cm 크게 그려줍니다. 본을 뒤집으면 다른 쪽 발을 그릴 수 있습니다. 발 하나에 2개씩, 총 4개의 본을 그린 뒤 잘라줍니다.

3. 자른 펠트지를 탈지면 위에 올리고 네임펜으로 펠트지 모양대로 그린 뒤 탈지면도 잘라줍니다.

4. 푹신하게 신을 수 있게 펠트지 사이에 탈지면을 여러 겹으로 겹쳐 넣습니다.

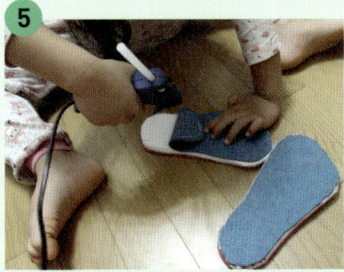

5. 글루건을 이용해서 펠트지와 탈지면을 붙여줍니다.

6. 슬리퍼의 발등 부분을 만들 차례입니다. 펠트지를 발등을 덮고 남을 정도로 충분히 길게 자릅니다. 다른 색의 펠트지를 하트 모양으로 잘라 그 위에 단추를 바느질해 붙입니다.

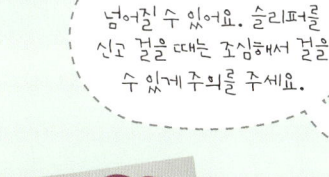

바닥이 미끄러워서 넘어질 수 있어요. 슬리퍼를 신고 걸을 때는 조심해서 걸을 수 있게 주의를 주세요.

7. 6에서 완성한 펠트지를 글루건을 이용해서 신발의 바닥면에 붙입니다.

14 한 해가 가면 새로운 띠의 해가 시작돼요
열두 띠 동물 미니북 만들기

■ **주제 관련 도서**
열두 띠 동물 이야기-동양에 전해 오는 옛날 이야기/라이 마/예림당,
열두 띠 이야기-누가 일등일까/케이트 다고우/사파리,
열두 띠 이야기/정하섭/ 보림

■ **준비물**
양면색종이(15x15cm),
풀, 가위, 색골판지, 사인펜,
열두 띠 동물 자료, 벨크로테이프

　겨울은 한 해의 마지막과 새로운 해의 시작이 같이 있는 계절이지요. 올해가 끝나고 다음 해로 바뀌면 그 해를 상징하는 동물도 바뀝니다. 해가 바뀌면 아이들과 그 해의 동물에 대해 이야기를 나누고 만들기 활동을 해보는 것이 매년 1월 우리 집 엄마표 주제입니다. 유치원에서도 새해 활동으로 열두 띠 동물을 꼭 다루지요. 새해가 되면 신문에서도 꼭 그 해의 띠 동물을 특집기사로 다룬답니다. 열두 띠 동물과 관련된 흥미진진한 옛이야기를 읽어보고 열두 띠 동물 미니북을 만들어보세요. 각 띠의 순서도 익히고 영어, 한글, 한자까지 활용할 수 있답니다.

1
색종이를 '방석 접기'로 접은 뒤 양쪽 모서리 두 군데를 중심으로 모아 접어줍니다.

2
1을 뒤집어 나머지 두 모서리도 중심으로 모아 접어줍니다.

모두 12개를 같은 방법으로 접습니다.

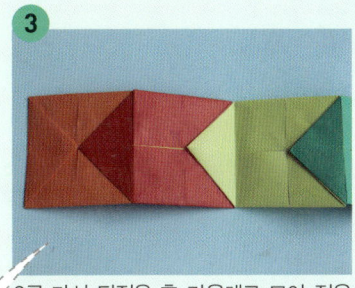

3
2를 다시 뒤집은 후 가운데로 모아 접은 부분끼리 겹쳐서 12개를 이어 붙입니다. 책의 첫 장과 끝장이 되는 종이 접기는 두 모서리 모두 풀로 붙여줍니다.

4
종이를 이어붙일 때 겹치는 부분을 한 번은 안쪽으로 다음에는 바깥쪽으로 접어가며 책모양을 만들어 줍니다.

종이가 들뜨지 않게 벌어진 부분을 풀로 붙여주세요.

5
이어붙인 책을 뒤집어 내용을 채웁니다. 열두 띠 동물의 이름, 한자, 영어 등을 적어보세요.

아이가 채우고 싶은 내용으로 쓰면 됩니다.

6
색골판지를 책의 표지로 쓸 수 있을 만큼의 크기로 잘라 준비합니다. 끈이 될 부분도 띠처럼 잘라둡니다.

7
표지 안쪽에 끈이 될 색골판지와 색종이 본문을 풀로 붙입니다.

이 활동은 한자, 숫자, 영어 등 다양하게 활용이 가능합니다. 크기도 작아서 아이들 주머니에 쏙 넣고 다니며 보기 좋아요.

8
표지를 꾸미고 벨크로테이프를 붙이면 열두 띠 동물 미니북이 완성됩니다.

열두 띠 동물 검색어　chinese zodiac clipart

15
종이컵 용 만들기
겨울밤 옛이야기의 신비로운 주인공

■ **주제 관련 도서**
열두 띠 동물놀이-누구야?/김현/키움,
열두 띠의 비밀/김기정/한솔수북,
열두 띠 이야기/초록개구리/계림닷컴,
복 타러 간 총각/정해왕/보림,
청룡과 흑룡/정하섭/길벗어린이

■ **준비물**
색깔 종이컵 6개, 할핀, 송곳,
나무젓가락, 색종이, 스티커,
꾸미기 재료, 두꺼운 도화지,
가위, 풀, 크레파스, 매직펜

> 색깔 종이컵이 없으면 그냥 종이컵에 색종이를 붙여도 됩니다.

겨울에는 바깥 날씨가 춥고 밤이 길다 보니 아이들과 책을 읽으면서 실내에서 주로 지내게 되지요. 겨울 하면 왠지 할머니가 들려주는 옛이야기가 생각이 납니다. 옛이야기에서 가장 매력적인 주인공 중 하나가 바로 용이 아닐까요? 실제로는 만날 수 없는 동물이면서 신비한 기운을 갖고 있으니까요. 앞에서 열두 띠 동물에 관련된 활동을 했으면 이어서 열두 띠 동물 중 하나이면서 옛이야기에 자주 나오는 용을 만들어봐요.

1. 색깔 종이컵을 약간 겹쳐서 송곳으로 구멍을 뚫고 할핀으로 이어 붙여줍니다. 이 때 할핀의 위치를 한 번씩 바꾸어주면 용이 훨씬 더 실감나게 움직이게 됩니다.

2. 색종이를 물방울 모양으로 잘라서 용의 머리 비늘을, 세모 모양으로 잘라서 등의 비늘을 만들어둡니다.

3. 스티커와 꾸미기 재료를 이용해서 컵을 꾸밉니다.

4. 용의 머리와 꼬리를 도화지에 그리고 색칠한 다음 그림대로 잘라줍니다.

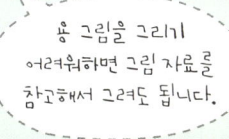

용 그림을 그리기 어려워하면 그림 자료를 참고해서 그려도 됩니다.

5. 할핀을 이용해서 컵의 앞과 뒤쪽에 머리와 꼬리를 달아줍니다.

6. 2에서 잘라둔 용의 비늘을 종이컵에 붙입니다.

7. 머리와 꼬리 부분이 되는 종이컵 중간에 구멍을 뚫고 나무젓가락을 끼워 넣습니다.

 용 그림 자료 블로그 검색어 ➔ 종이컵 용

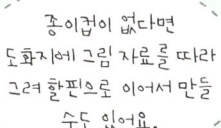

종이컵이 없다면 도화지에 그림 자료를 따라 그려 할핀으로 이어서 만들 수도 있어요.

8. 용이 꿈틀대며 움직이는 모습을 표현하며 신나게 놀아요.

준비물 : 색종이, 사인펜, 솜, 모루, 휴지심, 풀

휴지심 동물 만들기

휴지심을 이용하면 다양한 띠 동물을 만들 수 있어요. 아이들 띠에 맞는 동물을 만들거나 새해가 되면 그 해의 띠를 만들어보세요. 휴지심을 잘라서 몸통으로 활용하고 색종이, 솜, 모루 등을 이용해서 동물을 꾸며주면 됩니다.

크리스마스 놀이

아이들이 어린이날만큼이나 좋아하는 날은 언제일까요? 겨울을 화려하게 장식하는 크리스마스가 아닐까요? 사실 어른들도 연말과 크리스마스를 기대하긴 마찬가지일 거예요. 그러다 보니 서점에 가면 어른들이 읽어도 이야기에 푹 빠질 만한 크리스마스 동화책이 많습니다.

연말에 아이들과 크리스마스와 관련된 책을 함께 읽어보고 조물조물 손으로 만들기를 해보세요. 직접 오너먼트를 만들어 크리스마스트리를 장식하고 리스를 만들어 집 안 곳곳에 놓아두면 올해의 크리스마스는 아이에게 잊지 못할 추억으로 남을 거예요.

01 도일리페이퍼로 눈꽃 접기
하얀 눈꽃으로 반짝이는 트리

■ **주제 관련 도서**
하얀 겨울/아오이 후버 코노/비룡소,
눈의 여왕/안데르센/웅진주니어

■ **준비물**
도일리페이퍼, 가위,
풀 또는 투명테이프,
종이 접기 책 또는 자료

크리스마스에 눈이 내리면 왠지 그날은 더욱 특별하게 다가옵니다. 그래서 어른 아이 할 것 없이 '화이트 크리스마스'를 기다리기도 하지요. 크리스마스트리를 하얀 눈꽃으로 꾸며보면 어떨까요? 빛을 받아 반짝이는 눈꽃 크리스마스트리라면 아이들 기억에 더 오래오래 남을 거예요. 창고에 있는 크리스마스트리를 꺼내지 않아도 종이만 가지고 간편하게 트리를 만들 수 있는 방법을 알려드릴게요!

> 도일리페이퍼는 큰 문구점이나 천 원 숍 등에서 살 수 있어요.

1. 다양한 크기의 도일리페이퍼와 눈꽃 종이 접기 방법이 나와 있는 책이나 자료를 준비합니다.

2. 도일리페이퍼를 접어서 자유롭게 잘라줍니다.

3. 크기가 다른 도일리 페이퍼를 여러 개 잘라서 펼쳐줍니다. 무거운 책으로 눌러두면 접힌 부분이 완전히 펴질 거예요.

4. 자른 도일리페이퍼 눈꽃으로 눈 내리는 놀이를 해봅니다. 노래를 부르며 신나게 가지고 놀아요.

색종이로 눈꽃 접기

도일리페이퍼가 아닌 그냥 색종이로 눈꽃을 접어서 만들어도 좋습니다. 알록달록한 색깔로 눈송이를 만들어 창문에 붙여보세요. 아이들이 고사리손으로 접어 자른 눈꽃들을 창문에 붙여두면 진짜 눈이 내리는 것처럼 겨울이 행복해질 거예요.

5. 만들고 싶은 크리스마스트리 모양을 먼저 머릿속에 그리고 풀을 이용해서 창문에 하나씩 붙여줍니다. 창문에 자국 남는 게 싫으면 투명테이프로 붙여도 됩니다.

6. 크리스마스트리 모양으로 붙이고 남은 눈꽃을 군데군데 붙여주면 크리스마스 느낌이 물씬 날 거예요.

> 준비물 : 다양한 색과 크기의 색종이, 가위, 풀

눈꽃 접는 방법 검색어 → snowflake origami

02 병에 담은 편지
산타 할아버지, 감사합니다

■ **주제 관련 도서**
산타 할아버지/레이먼드 브릭스/비룡소,
산타 할아버지는 알고 계신대/리차드 커티스/키즈엠,
산타 할아버지가 올까요?/콜레트 엘링스/시공주니어

■ **준비물**
잼병, 색종이,
플라스틱 카드링, 연필이나 펜,
가위, 리본 조금

아이들이 겨울이 오기가 무섭게 "엄마, 크리스마스가 되려면 며칠이나 남았어요?"를 묻는 이유는 크리스마스 선물 때문이겠지요. 그리고 아이들은 선물을 머리맡에 놓고 가는 산타 할아버지를 보고 싶어합니다. 산타 할아버지를 만날 수는 없지만 크리스마스 전날 전 세계를 다니며 아이들에게 선물을 전달하는 산타 할아버지께 감사하다는 편지를 써보면 어떨까요? 천진난만한 얼굴로 "엄마, 산타 할아버지가 한글도 읽을 수 있나요?"라고 묻는 아이의 모습에 저절로 미소 짓게 될 거예요.

1. 10X5cm의 색종이와 플라스틱 카드링, 잼병을 준비합니다.

2. 가장 마음에 드는 종이에 편지를 씁니다. 가지고 싶은 선물을 적어도 좋고 산타 할아버지께 하고 싶은 말을 적어도 좋습니다.

3. 다 쓴 편지 종이를 돌돌 말아 링에 끼워 넣습니다. 병에 가득 들어갈 만큼 많이 준비합니다.

4. 3에서 완성한 편지를 병에 넣습니다.

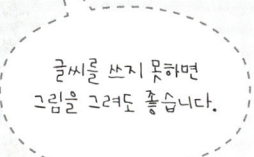

글씨를 쓰지 못하면 그림을 그려도 좋습니다.

5. 뚜껑을 닫고 예쁜 리본을 달아줍니다.

6. 아이와 함께 산타 할아버지께 드릴 편지를 어디에 두면 좋을까 이야기 나누어보세요. 아이와 상의해서 편지를 놓아두고 잠자리에 들면 활동 끝!

03 골판지로 만드는 미니 크리스마스트리
크리스마스가 내 손 안에 있어요

■ **주제 관련 도서**
커다란 크리스마스트리가 있었는데/로버트 배리/길벗어린이,
크리스마스트리의 비밀/양승숙/사물의비밀

■ **준비물**
색골판지, 나뭇가지, 그리기 나무(원형),
글루건 또는 목공용 풀, 꾸미기 재료, 가위

　겨울이라는 계절은 아이들과 엄마표 놀이를 하기 최적의 계절이 아닌가 싶어요. 날씨가 추워서 밖에 자주 나가지 못하니 집에서 무엇을 하고 놀까 매일 고민을 하게 되는데요. 크리스마스를 기다리며 아이와 꼼지락대며 만들기 하는 것도 겨울에 빠뜨릴 수 없는 재미 중의 하나가 아닌가 싶습니다. 골판지와 꾸미기 재료로 간단히 미니 크리스마스트리를 만들어 아이들 책상에 장식해주세요. 아이가 직접 만든 크리스마스트리를 보며 크리스마스가 성큼 다가왔음을 느낄 거예요.

1. 색골판지를 크리스마스트리 모양으로 자르고 그 종이를 4등분해서 잘라줍니다. 골판지 트리의 크기는 나뭇가지의 길이에 맞춰서 준비합니다.

2. 색골판지를 조금씩 간격을 벌려 바닥에 놓고 나뭇가지를 글루건으로 붙여줍니다.

펄러 비즈로 만드는 입체 크리스마스트리

블록 놀이는 아이들의 집중력을 키우는 데 좋은 활동입니다. 펄러 비즈는 크기가 작지만 만들어서 다림질을 하면 나만의 액세서리를 만들거나 인형을 만들 수도 있고, 완성물을 보관할 수 있다는 장점이 있습니다. 작은 비즈를 가지고 도안을 보며 크리스마스트리를 만들어보세요.

3. 그리기 나무에 골판지 크리스마스트리를 세워서 붙여줍니다.

4. 다양한 꾸미기 재료를 글루건으로 붙여서 꾸며줍니다.

여러 색으로 만들어서 아이들 책상 위에 두면 앙증맞고 귀엽답니다.

아이가 어리면 목공용 풀을 이용해서 꾸미기 재료를 붙여주세요. 목공용 풀을 이용할 경우에는 골판지를 나뭇가지에 붙이지 말고 꾸미기 재료를 먼저 골판지에 붙여서 말린 다음 글루건으로 나뭇가지에 붙여주면 됩니다. 글루건이 뜨거우니 사용할 때는 엄마가 지켜봐주세요.

준비물 : 펄러 비즈, 사각판, 다림질 도구, 기름종이, 도안

5. 똑같은 과정으로 하나 더 만들어주세요.

비즈 도안 다운로드 사이트 www.eksuccessbrands.com/perlerbeads/creative/projects.htm

04 친구야, 메리 크리스마스!
친구에게 보내는 크리스마스 팝업 카드

■ **주제 관련 도서**
우체부 아저씨와 크리스마스/앨렌 앨버그/미래아이,
크리스마스 전에 꼭 말해야 해!/고여주·위혜정/휴이넘

■ **준비물**
양면 색상지, 색종이, 두꺼운 종이,
색연필, 가위, 칼, 자, 풀, 흰색 솜방울,
리본 조금, 할핀, 펀치

크리스마스 무렵이면 아이들도 겨울방학을 시작하지요. 한 해 동안 친하게 지낸 친구에게 크리스마스 카드를 써서 직접 우체국에 가서 부쳐보세요. 색종이와 할핀을 이용해서 팝업 카드를 만들어볼까요? 친구에게 깜짝 선물이 된답니다. 아직 글씨를 쓰지 못한다면 그림으로 친구를 생각하는 마음을 표현할 수 있을 거예요.

속지가 될 양면 색상지를 카드 모양으로 반을 접습니다. 접는 선이 있는 부분의 양쪽 끝을 삼각형 모양으로 접어줍니다.

카드를 펼쳐서 삼각형 모양을 안쪽으로 밀어 넣습니다. 도화지로 얼굴과 팔을 만들어줍니다. 팔은 움직일 수 있게 할 핀으로 고정시키세요.

얼굴을 카드에 붙이고 팔은 삼각형으로 접혀 들어가는 부분에 풀로 붙여줍니다. 색종이를 이용해서 옷과 모자를 만들고 흰색 솜방울을 모자 끝에 붙여주세요.

얼굴은 색연필로 그려줍니다.

몸통 부분에 흰색 도화지를 붙이고 친구에게 편지를 쓰거나 그림을 그립니다.

빨간 색지를 속지보다 조금 더 크게 잘라 카드 표지를 준비합니다. 두꺼운 종이에 크리스마스트리 모양을 그려 칼로 잘라냅니다. 칼로 잘라낸 크리스마스트리 본을 따라 연필로 그려줍니다.

카드 표면에 그려놓은 크리스마스트리 모양 위에 색종이를 찢어 붙여 트리 모양을 채워줍니다.

펀치로 눈송이를 만들어 붙이고 리본으로 표지를 장식합니다. 표지에 5의 속지를 풀로 붙이면 크리스마스 팝업 카드가 완성됩니다.

05 러블리 병뚜껑 오너먼트 만들기
알록달록 트리 장식으로 집 안을 꾸며요

■ **주제 관련 도서**
마들린느의 크리스마스/루드비히 베멀먼즈/시공주니어,
크리스마스는 신기하고 놀라운 모험이야!/로제 카드빌라/마로니에북스

■ **준비물**
펠트지, 플라스틱 병뚜껑, 리본끈,
다양한 꾸미기 재료, 글루건, 목공용 풀, 가위

　크리스마스 장식을 집 안 곳곳에 달아놓기만 해도 집이 환해져요. 병뚜껑과 단추, 쓰다 남은 스팽글 등 집에 있는 재료들로 다양한 오너먼트를 만들어볼까요? 돈을 주고 사지 않아도 여러 가지 재료를 활용해서 알록달록한 장식을 만들다 보면 창의력이 절로 길러질 거예요.

1. 병뚜껑의 크기에 맞게 여러 색깔의 펠트지를 잘라서 준비합니다.

2. 리본을 반으로 접어 끝 부분이 겹치게 둡니다.

3. 크기가 같은 병뚜껑을 2개씩 여러 쌍 준비한 뒤 리본을 뚜껑 사이에 넣고 글루건으로 붙여줍니다.

4. 목공용 풀을 이용해서 잘라둔 펠트지를 뚜껑 앞뒤로 붙입니다.

5. 리본을 묶어서 병뚜껑 위쪽에 글루건으로 붙여줍니다.

6. 솜방울, 스팽글 등 다양한 꾸미기 재료로 병뚜껑을 마음껏 꾸며줍니다. 장식을 마치면 크리스마스트리에 걸거나 집 안 곳곳을 장식해줍니다.

솜방울 & 스팽글 오너먼트

문구점에서 쉽게 구할 수 있는 스팽글과 솜방울 장식으로 간단한 오너먼트를 만들어보세요. 시침핀 끼우기를 아이들이 재미있어 하기 때문에 즐겁게 활동할 수 있어요.
스티로폼 공에 실과 바늘을 이용해서 끈을 달아주고 솜방울을 시침핀을 이용해 고정시켜 줍니다. 스팽글이나 다른 꾸미기 재료를 이용해서 만들어도 됩니다.

준비물 : 스티로폼 공 여러개, 시침핀, 솜방울, 스팽글 등 꾸미기 재료, 실, 바늘, 가위

06 종이로 크리스마스트리를 꾸며보자
색종이 & 허니컴 종이 오너먼트 만들기

■ **주제 관련 도서**
크리스마스 파티/가브리엘 뱅상/황금여우,
올리비아의 두근두근 크리스마스/이안 팔코너/주니어김영사

■ **준비물**
둥근 색종이(지름 : 7cm),
학 접기용 색종이 (5x5cm),
허니컴 종이, 풀, 나무 비즈,
꾸미기 단추, 굵은 실, 가위

    수학은 일상생활 속에서 자연스레 익혀나가는 것이 좋습니다. 요즘에는 통합교육을 강조하다 보니 도형이나 수 등을 만들기 활동을 통해 자연스럽게 익힐 수 있는 놀이가 인기지요. 크리스마스 오너먼트 만들기도 아이들과 원, 사각형, 삼각형 등 기본적인 도형을 익히기 좋습니다. 원을 접어 반원을 만들고, 사각형을 접어 삼각형을 만들며 여러 가지 도형들을 익혀봅니다.

1. 둥근 색종이를 반으로 접습니다.

2. 접은 반원을 풀로 이어붙입니다. 많이 접어 붙일수록 오너먼트가 풍성해집니다.

3. 굵은 실을 적당한 길이로 자르고 매듭을 묶어 나무 비즈를 끼워줍니다. 위쪽은 단추에 끼워 고리 모양을 만들어줍니다.

4. 3을 이어붙인 색종이 사이에 넣고 풀로 붙입니다. 학 접기용 색종이도 둥근 색종이와 같은 방법으로 만들어줍니다.

5. 허니컴 종이를 반원, 삼각형 모양으로 2개씩 자릅니다. 3에서처럼 고리도 만들어줍니다.

6. 잘라둔 허니컴 종이 둘 사이에 고리를 만든 실을 끼우고 풀로 붙여줍니다.

7. 허니컴 종이 한쪽 면에 풀칠을 해서 다른 면과 맞닿도록 펼쳐 붙입니다.

07 자연물 리스 만들기
방문에 딱 어울리는 겨울 장식

■ **주제 관련 도서**
크리스마스를 기다리며 읽는 24가지 이야기1/안느 리에/아르볼,
아기곰의 첫 번째 크리스마스/카르마 윌슨/주니어랜덤

■ **준비물**
솔방울, 자연물 나무 조각,
원형 그리기 나무, 나무 비즈, 리본,
사인펜, 글루건, 목공용 풀,
굵은 실, 굵은 지끈, 가위, 빵 끈

겨울이 되면 연말과 크리스마스로 인해 아이들도 들뜬 기분을 느낍니다. 가을 내내 아이와 함께 산책하며 주워온 솔방울, 도토리 등의 자연물을 이용해서 크리스마스 소품을 만들어보면 어떨까요? 솔방울 등을 이용해서 리스를 만들어 방문에 걸어보세요. 자연의 향기가 방 안 가득 퍼지는 느낌이 들 거예요.

1. 굵은 지끈을 냄비나 그릇을 이용해서 동그랗게 말아줍니다.

2. 빵 끈으로 지끈이 풀리지 않게 고정시켜 줍니다.

3. 지끈을 이용해서 고리를 만들어주고 자연물을 글루건을 이용해서 군데군데 붙입니다.

4. 나무 비즈를 글루건이나 목공용 풀로 붙여서 작은 열매처럼 표현해줍니다.

5. 작은 리본을 여러 개 만들어 붙입니다.

6. 작은 나무 조각에 메리 크리스마스를 적어주고 그리기 나무에 붙여서 리스에 매달아주면 러블리 크리스마스 리스 완성!

동글동글 펠트 & 솜방울 리스

펠트지나 솜방울로 알록달록한 크리스마스 리스를 만들어보세요. 종이접시 가운데를 뚫고 그 위에 다양한 색상의 펠트지를 동그라미 모양으로 잘라서 붙여주면 됩니다. 빨간 솜방울과 초록 솜방울을 빙 둘러 붙여도 좋아요.

준비물 : 종이접시, 펠트지(여러 색깔), 색종이, 펜, 솜방울, 목공용 풀 또는 글루건, 실, 리본, 가위

가을·겨울에 할 수 있는 다른 놀이

여름이 끝나면 가을로 접어들며 추석을 맞이하고 겨울이 오면 설날이 아이들을 기다립니다. 유치원에서도 추석, 동지, 설날 등 우리 명절이나 세시풍습과 관련된 활동을 많이 하게 됩니다. 봄여름에 우리 동네와 이웃에 대해 알아봤다면 가을, 겨울이 되면 그 범위가 넓어져 우리나라와 세계 여러 나라로까지 확장됩니다. 우리나라의 상징인 태극기, 무궁화, 애국가 등을 배우고, 우리나라 전통과 역사에 대해서도 알아보는 시간을 갖게 됩니다. 노래를 통해서 우리나라 위인에 대해서 알아보기도 하지요.

또 요즘은 유아 시기부터 세계의 다양한 문화를 접해보는 시간이 있습니다. 다른 나라의 문화는 아이들에게는 신기하고 재미있기도 하지만 생소하기도 합니다. 세계의 문화는 직접 경험하기 어렵기 때문에 책을 통해 간접 경험을 해주는 것이 중요하지요. 세계 각국의 문화와 관련된 그림책을 읽어주다 보면 호기심에 가득 찬 아이의 모습을 보게 된답니다. 책을 통해서 우리와 다른 문화를 알게 되고 세상을 바라보는 아이의 시선도 더 넓어지겠지요. 책을 읽은 후 간단한 만들기 등을 통한 독후 활동까지 이어간다면 더할 나위 없는 세계 문화 교육이 될 것입니다.

01 한가위, 설날에는 장을 보러 가요
전단지 냉장고 만들기

■ **주제 관련 도서**
솔이의 추석 이야기/이억배/길벗어린이,
더도 말고 덜도 말고 한가위만 같아라/김평/책읽는곰,
분홍 토끼의 추석/김미혜/비룡소,
명절/재미난책보/어린이아현

■ **준비물**
8절 양면 색상지, 전단지 여러 장,
매직펜, 풀, 가위, 색연필

마트에 가면 아이들과 전단지를 가져와보세요. 특별히 비싸지도 귀하지도 않은 평범한 것이 때로는 아이들과 신나게 놀 수 있는 좋은 장난감이 되기도 하지요. 명절 즈음이면 마트 전단지에는 다양한 품목의 물건들이 실려 있어서 이 전단지 한 장으로도 재미나게 놀 수 있답니다. 전단지에 실린 물건을 오려서 종이에 붙이거나 가방에 넣어 장보기 놀이를 해보세요. 신나게 자르고 담고 붙이는 가운데 자연스럽게 숫자 세는 법도 익히고 분류에 대해서도 배우고 물건의 이름도 알 수 있는 훌륭한 통합 놀이가 될 거예요.

1

2

8절 양면 색상지를 먼저 반으로 접은 다음 폅니다. 색상지를 가운데 접힌 선 쪽으로 다시 반을 접어 4등분을 합니다.

마트 전단지에서 시장을 보고 싶은 물건을 고른 다음 가위로 잘라줍니다.

3

4

1의 종이 안쪽에 육류, 생선, 유제품, 가공식품 등으로 물건을 분류해서 적고 큰 꾸러미를 그려줍니다. 잘라낸 물건들을 해당되는 분류 꾸러미에 풀로 붙여줍니다.

책 속을 다 채웠으면 다른 색깔의 종이에 책의 제목을 적은 뒤 잘라서 표지에 붙이고 꾸며줍니다.

책 커버로 만드는 쇼핑백
아이들 책은 표지를 감싸는 커버가 있는 책이 많아요. 커버를 가지고 쇼핑백을 만들어 시장 놀이에 이용해보면 어떨까요?
책의 커버 양쪽을 3~5cm 접었다 펴준 후 아랫부분을 접어서 양면테이프를 붙입니다. 윗부분에 펀치로 구멍을 뚫어 리본을 달면 손잡이가 만들어집니다.

5

표지까지 채우면 전단지 냉장고가 만들어집니다.

준비물 : 양면테이프, 책의 커버, 리본, 펀치, 가위

전단지에서 사고 싶은 물건을 잘라서 담으며 장보기 놀이를 하면 좋아요.

191

02 펄러 비즈로 지도 만들기
우리나라는 어떤 모양일까?

■ **주제 관련 도서**
우리나라 별별마을/박승규/웅진주니어,
우리나라를 색칠해 봐!/윤석원/대원키즈,
내가 사는 곳은 바로 여기!/조지욱/웅진주니어,
손으로 그려 봐야 우리 땅을 잘 알지/구혜경·정은주/토토북

■ **준비물**
펄러 비즈, 사각판(큰 것),
우리나라 지도 자료,
연필, 다림질 도구

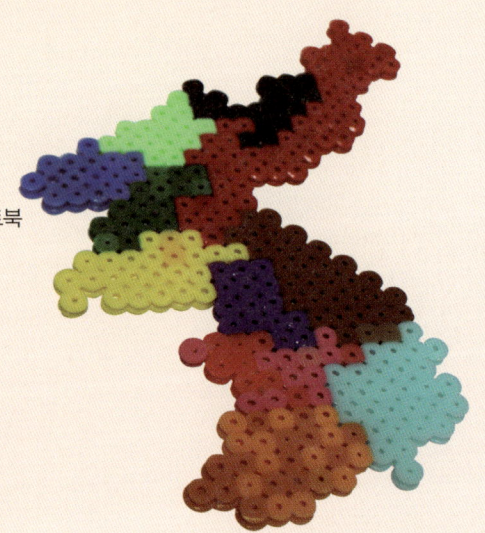

어느 해인가 장거리로 여행을 다닐 기회가 많았습니다. 차 안에서 무료하게 보내는 시간이 많아서 아이에게 도로 지도를 건넨 적이 있는데, 지도 책을 너무 좋아하며 여행 내내 끼고 다녔어요. 그 여행 후에 아이는 우리나라 지도를 정확하게 그려내어 선생님들을 깜짝 놀라게 하기도 했습니다. 아이들은 스펀지 같아서 무엇이든 관심이 생기게 되면 정보들을 흡수해버리는 것 같아요. 지리, 사회 이런 것들을 너무 어렵게만 생각하지 말고 아이들과 재미난 방법으로 접근해보면 어떨까요? 놀잇감인 줄만 알았던 펄러 비즈로 우리나라 지도를, 벽에 붙여만 두었던 지도 포스터로 퍼즐을 만들면서 즐겁게 우리나라에 대해서 알아보도록 해요.

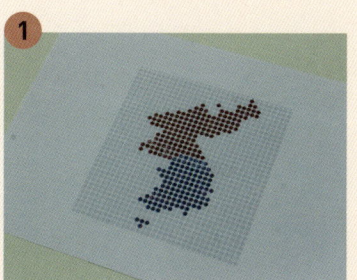

우리나라 지도 자료를 출력합니다. 펄러 비즈로 우리나라 지도를 어떻게 완성할 것인지 아이와 이야기를 나눕니다.

1의 지도에 연필로 행정 구역을 표시합니다. 이를 보고 사각판에 펄러 비즈를 맞추어 나갑니다.

전국의 행정 구역을 각각 다른 색깔 비즈로 표현해줍니다.

펄러 비즈로 행정 지도를 완성합니다.

지도 포스터를 이용한 우리나라 지도 퍼즐

책을 사거나 하면 지도 포스터를 선물로 많이 주지요. 포스터를 잘라서 우드락에 붙여 지도 퍼즐을 만들어보아요. 아이가 지도 퍼즐을 맞출 때마다 지명도 알아보고 지도 그림을 보면서 지도에서 알려주는 여러 가지 정보를 얻을 수 있답니다.

펄러 비즈 위에 기름종이를 올리고 다림질을 해서 비즈를 녹여 붙여줍니다.

다림질은 엄마가 해주세요.

준비물 : 지도 포스터, 가위, 접착식 우드락, 우드락 커터기

집에 자석 칠판이 있으면 우드락 뒷쪽에 고무 자석을 붙여서 자석 퍼즐로 만들면 좋습니다.

지도 자료 블로그 검색어 ▶ 우리나라 지도

03 우주의 이치를 품고 있는 우리나라 국기
퍼니콘 태극기 & 색종이 태극기 만들기

■ **주제 관련 도서**
태극기 다는 날/김용란/한솔수북,
안녕 태극기!/박윤규/푸른숲주니어,
하늘높이 태극기/어린이 통합교과 연구회/상상의집

■ **준비물**
퍼니콘 태극기 :
도화지, 퍼니콘(빨간색, 파란색),
커피 스틱, 칼, 가위, 목공용 풀, 물티슈
색종이 태극기 :
색종이 5x5cm(빨간색, 파란색, 검은색),
지름 2.5cm 원형 스티커(빨간색, 파란색),
가위, 풀, 도화지

'태극기가 바람에 펄럭입니다. 하늘 높이 아름답게 펄럭입니다~.' 태극기 하면 떠오르는 동요입니다. 우리나라 국기이기는 하지만 태극기가 담고 있는 의미를 자세하게 기억하지는 못합니다. 요즘은 태극기에 관련된 아이들 책이 많아 태극기가 담고 있는 뜻을 쉽게 전해주고 있습니다. 책을 함께 읽다 보면 태극기에 담긴 심오한 철학과 이치에 새삼 고개를 끄덕이게 됩니다. 아이와 간단하게 태극무늬나 태극기를 만들어보면서 그 뜻을 알아볼까요?

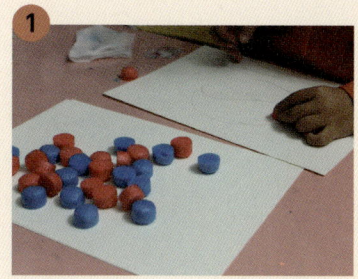

1. 도화지에 태극무늬를 그린 후 빨간색과 파란색 퍼니콘을 반으로 잘라 준비해둡니다.

2. 반으로 자른 퍼니콘에 물을 묻혀 태극무늬 밑그림에 맞춰 붙입니다.

퍼니콘은 물티슈에 잠시 묻혔다 종이에 붙이면 물 없이도 간편하게 붙일 수 있습니다.

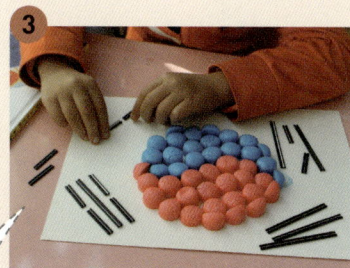

3. 커피 스틱을 잘라 목공용 풀로 붙여 건곤감리를 표현해주면 퍼니콘 태극기가 완성됩니다.

4. 색종이를 반으로 접고 끝 부분을 조금씩 뒤로 접어 넘겨줍니다.

건곤감리를 아이들이 외워서 하기는 힘들어요. 책을 보며 만들거나 활동 전 비슷해 보이는 막대가 어떻게 다른지 구분하는 방법을 알려주세요.

5. 원형 스티커를 중간에 붙여서 태극무늬를 만들어줍니다.

6. 앞에서 만든 태극무늬 색종이를 도화지에 붙이고 검정 색종이를 건곤감리에 맞게 잘라 도화지에 붙여 태극기를 완성합니다.

04 조각조각마다 자연의 색이 물들었어요

천연염색 조각보 만들기

- **주제 관련 도서**
  아름다운 모양/한태희/한림출판사,
  아씨방과 일곱 동무/이영경/비룡소,
  한 땀 한 땀 손끝으로 전하는 이야기/지혜라/보림

- **준비물**
  자연물 천연염색 재료
  (치자, 소목, 시금치, 커피),
  흰색 천, 실, 바늘, 가위

아이들과 우리 조상들은 어떤 옷을 입었을까 이야기를 나누어봅니다. 누리과정 생활 주제 중의 하나인 '우리나라'에서는 우리 조상의 의식주에 대해서도 배우게 됩니다. 우리 조상들의 의생활에서 천연염색은 아주 중요한 역할을 했습니다. 아이들과 과거에는 옷에 색을 어떻게 물들였을까 이야기를 나누어보고 직접 천을 염색해보아요. 염색한 천을 잘라 바느질도 직접 해보면서 손끝 놀이를 해보면 어떨까요?

1. 흰색 천을 20×20cm로 자른 뒤 천연염색 재료를 이용해서 염색해줍니다.

2. 염색한 천을 잘 말려줍니다.

3. 염색해서 말린 천 조각을 4등분해서 잘라줍니다.

4. 자른 조각들을 배열해서 시침질로 바느질을 합니다.

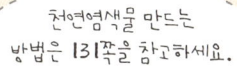
천연염색물 만드는 방법은 131쪽을 참고하세요. 집에 있는 다양한 자연물 재료를 이용하면 됩니다(예: 포도, 흑미, 오미자 등).

5. 아이들이 바느질한 4개의 천 조각을 격자무늬로 배치해서 시침질을 해줍니다.

한지를 이용한 전통 조각보 모양 꾸미기

꼭 천을 이용하지 않아도 집에 있는 한지 색종이를 이용해서 전통 조각보를 만들 수 있어요. 한지 색종이를 길게 잘라 자유롭게 배치해 알록달록하게 붙여서 아이와 간단히 전통 조각보 모양을 디자인해보세요.

6. 흰색 천을 사방으로 덧대서 바느질해줍니다.

7. 흰색 천의 가장자리를 1.5cm 뒤로 접어 넘겨 다림질을 한 후 색깔 실로 시침질을 해줍니다. 천의 가장자리를 뒤로 넘기는 이유는 조각보의 앞면을 매끄럽게 하기 위해서입니다.

조각보를 바느질하는 것은 쉽지 않은 일입니다. 아이가 어리다면 조각의 크기와 시접을 조절해서 아이가 쉽게 할 수 있도록 해주고 엄마가 많이 도와주세요.

준비물: 한지 색종이, 가위, 풀, A4 용지

05 골판지 팽이 만들기
뱅글뱅글 돌아라, 돌아

■ **주제 관련 도서**
얼씨구 지화자 즐거운 전통놀이/정재은/주니어랜덤,
황금팽이/허은순/현암사,
해 떴다! 나가 놀자/김금향/키즈엠,
누렁이의 정월 대보름/김미혜/비룡소

■ **준비물**
펜 뚜껑, 띠골판지, 글루건, 가위

　겨울이면 아이들은 눈썰매, 스케이트를 탈 수 있다는 생각에 엉덩이가 들썩거릴 거예요. 겨울 놀이에 빠질 수 없는 것 중 하나로 팽이치기가 있어요. 지금은 도시로 변해버렸지만 엄마가 어릴 때는 집 바로 앞이 냇가이고 들판이어서 겨울이 되면 매일 같이 꽁꽁 언 냇가나 논바닥에서 팽이도 치고 썰매를 탔다는 이야기를 해주면 아이들은 "정말요?" 하고 눈이 동그래집니다. 꽝꽝 언 냇가나 논바닥은 아니지만 집에서 띠골판지로 팽이를 만들어 신나게 놀아볼까요?

띠골판지는 공간이 뜨지 않게 빽빽하게 감아야 합니다.

펜 뚜껑의 뾰족한 부분이 아래로 향하게 한 뒤 띠골판지로 펜 뚜껑을 돌려가며 감싸서 붙여줍니다. 골판지가 울퉁불퉁해서 글루건을 이용해 붙여야 해요.

1개의 띠골판지를 다 감았으면 다른 띠골판지를 이어 붙여줍니다.

휴지심 쥐불놀이

지금은 위험해서 거의 하지 않지만 예전에는 정월대보름이면 쥐불놀이를 많이 했죠. 실제로 불을 붙이는 건 너무 위험하니 집에서 간단하게 쥐불놀이 체험을 할 수 있는 활동을 해보면 어떨까요?
휴지심에 색종이를 잘라 붙여준 뒤 펀치로 구멍을 뚫어 지끈으로 묶어줍니다. 그런 다음 정월대보름에 하는 쥐불놀이처럼 들고 빙빙 돌려봐요. 진짜 불은 없지만 빨간 색종이가 불처럼 보여서 아이들이 신나게 가지고 놀 수 있답니다.

여러 줄의 띠골판지를 감아서 팽이를 적당한 크기로 만들어줍니다.

띠골판지가 빠지지 않게 팽이의 아래쪽을 글루건으로 고정시켜줍니다. 펜 뚜껑을 중심으로 사방으로 선을 그리듯 고정시켜주세요.

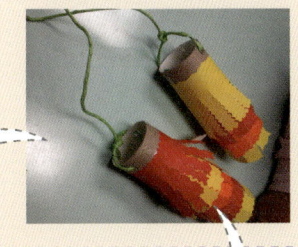

여러 개를 만들어서 신나게 놀아보세요.

팽이치기, 쥐불놀이의 유래 및 방법은 어린이민속박물관 (www.kidsnfm.go.kr)에서 찾아볼 수 있어요.

준비물 : 휴지심, 펀치, 색종이, 지끈, 핑킹가위, 풀

06 알록달록 무지개를 닮은 우리 먹거리
점토 다식 만들기

- **주제 관련 도서**
  개똥 할멈과 고루고루 밥/김자연/살림어린이,
  찰떡 콩떡 수수께끼떡/김정희/웅진주니어,
  맛도 모양도 일품인 우리 음식/정민지/주니어랜덤

- **준비물**
  지름 2.5cm 그리기 나무, 색깔 성냥,
  가위, 목공용 풀, 나무 막대(길이 6cm),
  클레이 점토, 접시

옛날 우리 조상들은 어떤 음식을 먹었을까요? 지금처럼 과자, 음료수 같은 간식은 있었을까요? 아이들과 꼬리에 꼬리를 무는 질문을 통해서 과거 우리 조상들의 식생활에 대해서 이야기를 나누어보아요. 옛 우리 조상들은 차를 마실 때 다식을 함께 내놓았다고 하지요. 다식은 대개 한 가지만 만들지 않고 세 가지 색 이상을 마련해서 함께 어울려 담았다고 해요. 아이들과 우리 전통 식생활 이야기를 나누며 함께 만들기 활동을 해보도록 합니다.

색깔 성냥을 작게 가위로 잘라줍니다.

원형 그리기 나무에 자른 성냥을 목공용 풀로 붙여서 다식 틀을 만들어줍니다.

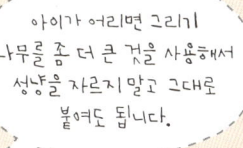
아이가 어리면 그리기 나무를 좀 더 큰 것을 사용해서 성냥을 자르지말고 그대로 붙여도 됩니다.

나무 막대에 2에서 만든 다식 틀을 붙여줍니다.

점토를 동그랗게 만들어 3의 다식 틀로 눌러 찍어줍니다.

4에서 찍은 점토 다식을 접시에 담아봅니다.

맛있는 점토 다식이 완성되었습니다.

소꿉놀이 장난감이 있다면 소꿉놀이로 연계해서 같이 놀아도 됩니다.

07 마끈 체 만들기
구멍이 몇 개? 야광귀신이 못 세는 체

- **주제 관련 도서**
  신발귀신 앙괭이의 설날/김미혜/비룡소,
  앙괭이가 온다/김점선/꼬마샘터,
  연이네 설맞이/우지영/책읽는곰,
  까치설날은 보물 찾는 날/임병희/웅진주니어

- **준비물**
  스케치북 표지, 마끈, 펀치,
  지끈, 풀, 투명테이프, 가위

새해 첫날 밤 야광귀신이 신발을 훔쳐가면 일 년 내내 운수가 나쁘다는 말이 있어요. 그래서 야광귀신(앙괭이)이 신발을 훔쳐가지 못하도록 사람들이 설 전날 집 앞에 구멍이 많은 물건인 체나 복조리를 걸어놨다고 해요. 야광귀신은 수 세기를 좋아하지만 수를 잘 세지 못했거든요. 수를 세다 보면 헷갈려서 밤새도록 숫자만 세다가 신발을 훔치지 못하고 돌아간다고 하지요. 아이들과 설날과 관련된 풍속 이야기를 나누며 야광귀신을 쫓아 낼 수 있는 체를 만들어보는 건 어떨까요?

1. 스케치북 표지를 길게 잘라서 동그랗게 이어붙입니다.

2. 펀치로 1의 위쪽에 촘촘하게 구멍을 뚫어줍니다.

3. 구멍을 뚫은 부분의 종이가 찢어지지 않게 투명테이프를 붙입니다.

4. 가운데부터 가로세로 번갈아가며 마끈을 끼웁니다.

5. 빈 구멍이 없을 때까지 촘촘하게 마끈을 끼워 체를 만들어줍니다.

6. 마끈의 매듭이 보이지 않게 지끈을 풀어 전체를 감싸줍니다.

7. 아이와 함께 만든 체의 구멍 수를 세어보세요.

8. 긴 막대에 완성한 체를 걸어보고 야광귀신 이야기를 읽어보세요.

08 CD케이스로 전통 문양 책 만들기
우리 조상들은 어떤 무늬를 가장 많이 그렸을까

■ **주제 관련 도서**
까만 크레파스/나키야 미와/웅진닷컴,
임금님 집에 예쁜 옷을 입혀요/무돌/노란돼지,
쉿! 박물관에 암호가 숨어 있어요/박물관이야기/글로연,
아름다운 우리 문양/김이하/한국톨스토이

■ **준비물**
스크래치 종이, 종이 CD케이스,
샤프펜슬, 검정 색지,
전통 문양 자료, 사인펜, 크레파스, 파스텔
가위, 풀, 검정 우드락

어릴 적 스케치북에 알록달록 크레파스로 색칠한 다음 검정 크레파스로 손이 까맣게 될 때까지 덧칠해 연필이나 자로 긁어서 그림을 그렸던 기억이 납니다. 요즘은 굳이 다른 종이에 색칠하고 긁지 않아도 똑같은 효과가 나는 스크래치 종이가 있습니다. 아이들과 그 종이를 작게 잘라서 알록달록한 전통 문양을 그려보세요. 스크래치 종이 말고도 검정 종이에 흰색 크레파스로도 그려보고 그냥 종이에 사인펜으로도 색칠하는 등 다양한 방법으로 전통 문양을 그려서 책을 만들어봅니다. 친한 친구들과 함께 그려 작품집을 만들어도 좋습니다.

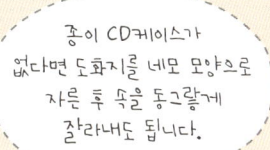

1. 검정 색지, 스크래치 종이, 전통 문양 자료를 12X12cm 크기로 잘라 준비합니다.

2. 샤프펜슬을 이용해서 스크래치 종이에 전통 문양을 그려줍니다. 검정 색지에는 크레파스로 그리고, 자료는 사인펜으로 색칠해줍니다.

종이 CD케이스가 없다면 도화지를 네모 모양으로 자른 후 속을 동그랗게 잘라내도 됩니다.

3. 종이 CD케이스를 파스텔을 이용해서 채색해줍니다.

4. 종이 CD케이스의 뚜껑 부분을 풀칠해서 6개를 아코디언 모양으로 이어붙입니다.

5. 검정 우드락을 CD케이스 크기로 2개를 자르고, 스크래치 종이는 우드락보다 사방 1cm 작게 잘라 표지가 될 그림을 그려줍니다.

6. 4에서 만든 CD케이스 책 속에 2에서 완성한 전통 문양을 끼워 넣어준 뒤 잘라둔 우드락을 앞뒤로 양면테이프를 이용해서 붙여줍니다.

7. 5에서 만들어둔 전통 문양 그림에 제목을 써서 붙여주면 전통 문양 책이 완성됩니다.

CD케이스는 다양한 방법으로 활용이 가능합니다. 전통 문양뿐만 아니라 아이의 그림을 모아서 두기도 좋고, 아이의 사진을 넣어서 앨범으로 만들어도 좋습니다.

09 찰흙으로 만드는 초가집
주렁주렁 흥부네 집에 박이 열렸습니다

■ **주제 관련 도서**
흥부네 초가집 놀부네 기와집/박수연/키즈엠,
집짓기/강영환/보림,
집짓기/피에르 윈터스/사파리

■ **준비물**
종이상자, 찰흙, 나뭇가지, 가위,
마끈, 양면테이프, 스티로폼 공,
초록 물감, 초록 지끈, 글루건, 매직펜

아이들이 좋아하는 옛이야기 중 '흥부와 놀부'는 우리나라 전통 집의 모습을 잘 묘사하고 있습니다. 사실 아이들이 읽는 전래동화책에 나오는 그림을 살펴보면 우리 조상의 생활상을 잘 알 수 있습니다. 고증을 충분히 해서 그 모습을 잘 표현해놓았기 때문입니다. 〈흥부와 놀부〉를 읽으며 흥부의 집과 놀부의 집을 찬찬히 살펴보세요. 집의 모습을 비교해가며 보는 것도 좋은 방법 중 하나입니다. 그림 속 흥부의 초가집을 함께 만들어보면서 아이와 더 많은 이야기를 나누어보면 어떨까요?

1. 종이상자를 잘라서 문과 창문을 그려줍니다.

2. 큰 종이상자를 준비합니다. 그 위에 찰흙을 넓게 펴서 깔아줍니다.

3. 그림을 그려둔 종이를 찰흙에 꽂아 세워줍니다. 모서리 부분은 나뭇가지를 잘라서 기둥으로 세워줍니다.

4. 지붕은 종이상자를 잘라서 만든 후 양면테이프로 마끈을 붙여서 초가지붕처럼 만들어줍니다.

5. 남는 찰흙을 붙여서 마당과 담장을 만들어줍니다.

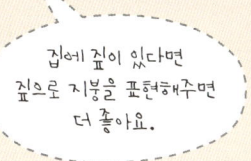

집에 짚이 있다면 짚으로 지붕을 표현해주면 더 좋아요.

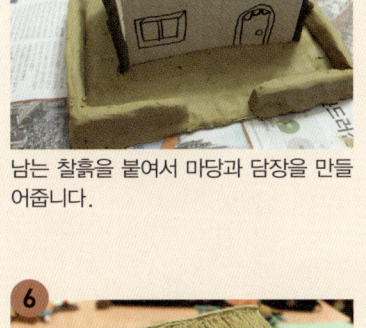

6. 4에서 만든 지붕을 초가집 기둥과 벽 위에 올리고 글루건으로 붙여줍니다.

초록 지끈이 없으면 초록 한지 색종이를 꼬아 붙여주면 됩니다.

7. 스티로폼 공을 초록색으로 칠하고 초록 지끈을 꼬아서 지붕 위에 붙여 줄기를 표현해줍니다. 지끈을 풀어 잎 모양으로 잘라 붙이고 색칠한 스티로폼 공을 군데군데 붙여주면 탐스런 박이 열린 초가지붕이 만들어집니다.

10 퍼니콘으로 만드는 기와집
차곡차곡 쌓아올려 만들어요

■ **주제 관련 도서**
기와집/김혜리/아이코리아,
햇빛과 바람이 정겨운 집 우리 한옥/김경화/문학동네,
정겨운 한옥촌 마을 북촌 나들이/임현아/낮은산

■ **준비물**
퍼니콘(플레이콘), 종이상자,
자연물 꾸미기 재료, 목공용 풀, 우유갑,
전통 무늬 색종이, 가위, 풀

아이들과 체험학습을 다녀온 뒤면 관련된 책을 읽고 주제를 떠올릴 수 있는 미술 놀이를 해봅니다. 한번은 어린이박물관에서 우리나라에 대한 체험을 하고 와서 아이와 뭘 하면 좋을까 고민하다 눈에 띈 재료가 퍼니콘(플레이콘)이었어요. 퍼니콘은 간단히 물만 묻히면 달라붙어 아이들이 무척 좋아하는 재료지요. 퍼니콘을 잘라 차곡차곡 붙이면서 예전에 체험학습을 하면서 보았던 기와에 대해 이야기해보는 시간을 가져보세요. 한옥마을이나 전통 집에 대한 체험을 하고 난 뒤 이 활동을 하면 아이들이 더 오래 체험 내용을 기억한답니다.

1. 우유갑 2개 중 하나는 윗부분을 모두 잘라주고, 다른 하나는 두 면만 남기고 다 잘라줍니다. 종이상자를 우유갑보다 크게 네모로 잘라줍니다.

2. 퍼니콘을 반으로 잘라줍니다.

3. 지붕이 되는 우유갑에 퍼니콘을 차곡차곡 붙여서 기와 지붕을 만들어줍니다.

4. 집이 되는 우유갑에 전통 무늬 색종이를 풀칠해서 붙여줍니다.

5. 크게 자른 종이 위에 4의 우유갑을 붙이고 퍼니콘 기와를 올려 붙여줍니다.

6. 퍼니콘과 자연물 꾸미기 재료로 정원을 자유롭게 꾸며주면 퍼니콘 기와집 완성.

다양한 집 모양의 미니북

사람들이 사는 집의 종류는 다양합니다. 아이와 기와집, 초가집 등 전통 집과 현대에 볼 수 있는 집의 종류를 알아보며 작은 집 모양 책을 만들어보아요.

준비물 :
양면 색상지(검은색, 주황색), 가위, 풀, 흰색 젤리볼펜, 사인펜, 다양한 집 모양의 사진 자료

미니북 형태의 책은 어린아이들과 한글 활동을 하기에 좋습니다.

11 전통 탈 액자 만들기
에헴, 나도 양반이 되어 볼까?

- **주제 관련 도서**
  할아버지의 탈/최양숙/크레용하우스,
  아무도 모를거야, 내가 누군지/김향금/보림,
  지구촌 얼굴 가면/정해영/논장,
  소가 된 게으름뱅이/김기택/비룡소

- **준비물**
  지점토 탈 :
  탈 몰드, 원형 김발, 지점토,
  물감, 니스, 무늬 한지,
  목공용 풀, 글루건, 리본
  나무 전통 비즈 탈 :
  나무 막대, 나무 전통 비즈 탈,
  목공용 풀, 네임펜

〈아무도 모를 거야, 내가 누군지〉라는 책은 우리 아이들이 무척 좋아하는 책입니다. 탈을 쓰고 요리조리 변신하는 꼬마가 나오거든요. 양반 탈을 쓰고 점잔을 빼다가 말뚝이 탈을 쓰고 심술쟁이도 되어보는 재미난 이야기에 아이들이 푹 빠져버린답니다. 책을 통해 우리나라 전통 탈과 세계의 다양한 탈에 대해 알아보도록 해요. 만들기 재료를 이용해 여러 가지 탈을 만들어보고 나만의 탈도 색칠해 꾸며보면 어떨까요?

1. 탈 몰드에 지점토를 꾹꾹 눌러서 탈 모양을 만들어줍니다.

2. 지점토가 다 마르면 물감을 이용해서 탈을 색칠합니다.

3. 물감이 다 마르면 니스를 칠해주세요.

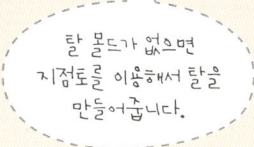
탈 몰드가 없으면 지점토를 이용해서 탈을 만들어줍니다.

4. 김발에 무늬 한지를 동그랗게 손으로 찢어 목공용 풀로 붙여줍니다.

5. 리본으로 고리를 만들어주고 앞에서 완성한 탈을 글루건으로 붙여줍니다.

6. 나무 전통 비즈 탈을 네임펜으로 색칠해줍니다.

7. 나무 막대를 목공용 풀로 붙여 액자 틀을 만들어줍니다.

8. 액자 틀 위에 색칠한 나무 전통 비즈 탈을 붙여주면 완성됩니다.

12 책 속 나라로 여행을 떠나요
종이상자로 여행 가방 만들기

■ **주제 관련 도서**
바바의 세계여행/로랑 드 브루노프/국민서관,
꼬마 여행자 패딩턴/마이클 본드/파랑새,
버티의 여행 가방/칼리 슈트롱크/키즈엠

■ **준비물**
납작한 종이상자 2개, 투명테이프,
가위, 칼, 풀, 빈티지 라벨 출력물,
마끈, 스티커 색종이, 패브릭테이프,
벨크로테이프

　가까운 곳을 가든 먼 곳을 가든 여행을 가려면 챙길 물건이 많습니다. 그럴 때 아이들도 자신의 물건을 챙길 수 있도록 배낭을 하나씩 주면 책임감과 침착함을 기를 수 있어요. 그런데 엄마, 아빠처럼 여행에 필요한 필수품을 넣는 것도 아닌데 꽉 차서 무거운 아이의 가방을 보면 피식 웃음이 날 때가 많습니다. 아이들은 여행 가방을 싸는 방법은 잘 모르지만 자신이 좋아하는 물건을 챙기는 방법은 잘 알고 있나 봐요. 진짜로 떠나는 여행은 아니지만 책 속 나라로 여행을 떠나며 자신이 챙겨가고 싶은 물건을 담을 수 있는 여행 가방을 만들어보아요.

1. 종이상자 2개를 준비해 뚜껑 부분을 잘라줍니다.

2. 종이상자 2개를 맞대고 한쪽을 투명테이프로 붙여줍니다. 떨어지지 않도록 안과 바깥 모두 단단히 고정시킵니다.

패브릭테이프가 없으면 스티커 색종이나 색깔 마스킹테이프를 이용해도 됩니다.

3. 가방의 손잡이는 남은 종이상자를 이용해서 만들어줍니다. 패브릭테이프를 손잡이 부분에 감아줍니다.

4. 빈티지 라벨 자료를 출력해서 1에서 준비한 종이상자에 붙여 장식합니다.

칼로 구멍을 내는 건 엄마가 해주세요.

5. 손잡이를 끼워 넣을 수 있게 상자 윗부분을 칼로 구멍을 내줍니다.

6. 상자가 열리지 않게 벨크로테이프로 잠금 장치를 만들어 붙여줍니다.

7. 3에서 만든 손잡이를 상자 구멍에 넣고 안쪽에서 투명테이프로 고정시킵니다.

8. 남은 종이상자를 작게 잘라서 색종이 스티커를 붙이고, 펀치로 구멍을 뚫어 네임 태그를 만들어서 가방 손잡이에 끈으로 묶어줍니다.

네임 태그에 이름과 연락처도 적고 아이가 넣고 싶은 물건들을 넣은 뒤 여행 놀이를 즐겁게 합니다.

빈티지 라벨 검색어 ➤ vintage travel label

13 툴립 책 만들기
꽃의 나라, 네덜란드

- **주제 관련 도서**
  바늘땀 세계여행/레지나/한겨레아이들,
  여행 그림책:중부유럽편/안도 미쯔마사/한림출판사,
  Frientor-유럽연합/껌북/아메바

- **준비물**
  8절 양면 색상지 3장,
  크래프트지, 풀, 가위,
  색골판지, 도화지, 목공용 풀, 리본

　네덜란드라는 나라의 이름은 '낮은 땅'이라는 뜻이에요. 땅의 높이가 바다와 비슷해 바닷물이 들어와서 많은 사람들이 목숨을 잃기도 했다고 하지요. 그래서 네덜란드 사람들은 바다에 크고 작은 방조제를 세운 후 새로운 땅을 만들어 나갔어요. 이렇게 힘들게 만든 땅을 알뜰히 가꿔서 밀이나 과일, 꽃을 재배했다고 합니다. 이곳에서 키워진 꽃들이 전 세계 꽃 거래량의 80%나 된다니 네덜란드란 나라가 참으로 대단하게 느껴져요. 꽃을 빼고는 이야기할 수 없는 나라 '네덜란드'에 대해 알아보며 아이와 함께 세계 여러 나라의 국화를 담은 책을 만들어보면 어떨까요?

1. 8절 양면 색상지의 한쪽에 시접 1cm를 접어주고 남는 부분을 세로로 4등분해서 접어줍니다. 3장 모두 같은 방법으로 접어줍니다.

2. 접은 색상지 3장의 시접 부분을 풀칠해서 아코디언 모양으로 이어 붙여줍니다. 마지막 장의 시접은 잘라냅니다.

3. 2에서 이어 붙인 종이 앞장에 튤립 모양으로 도안을 그려줍니다.

4. 튤립 모양의 책이 되도록 도안대로 자릅니다. 이때 책이 접히는 부분을 자르지 않도록 합니다.

5. 각 나라의 국화에 대한 내용을 적습니다.

6. 크래프트지를 이용해서 책 표지를 만들어줍니다. 책 내지를 크래프트지 위에 두고 책등 부분 0.5cm를 만들어준 뒤 양쪽으로 튤립 모양으로 대칭되게 잘라줍니다.

책 표지는 책 내지보다 사방으로 0.3~5cm 크게 잘라 주면 됩니다(책등 쪽은 제외).

책 표지는 얇은 종이상자로 대신해도 됩니다.

7. 책 내지를 풀로 붙여줍니다.

8. 표지는 골판지를 이용해서 튤립 모양으로 꾸며줍니다.

9. 책 제목을 도화지에 써서 잘라 붙이고 리본을 뒤쪽에 풀로 붙여줍니다.

14 와이어 에펠탑 만들기
과거와 현대가 어우러진 도시, 프랑스 파리

■ **주제 관련 도서**
두근두근 세계여행/베아트리스 베이용/베틀북,
여기는 파리입니다/M.사세크/열린생각,
드가와 꼬마 발레리나/에바 몬타나리/은나팔

■ **준비물**
공예용 와이어, 가위, 사인펜,
파리 관련 자료

프랑스 파리 하면 에펠탑이 떠오릅니다. 이 에펠탑은 파리 만국박람회 때 세워진 높은 철탑으로, 처음에는 흉물스럽다고 많은 논란이 있었다고 하지요. 지금은 프랑스의 상징이자 사람들이 가장 가보고 싶어하는 건축물로 손꼽힙니다. 아이들과 프랑스의 유명한 건축물들을 살펴보고 이야기를 나누어보세요. 손으로 조물조물 만들기를 하면서 프랑스로 여행을 떠나볼까요?

공예용 와이어 3가지 종류(1mm, 2mm, 3.2mm)를 준비합니다.

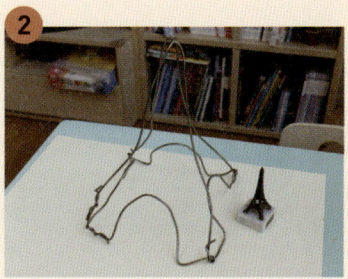

가장 굵은 3.2mm 와이어를 이용해서 에펠탑의 큰 몸통을 만들어줍니다.

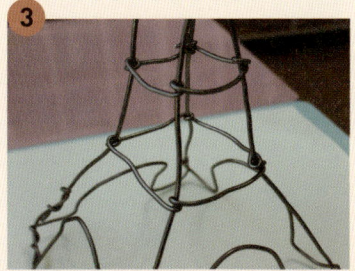

중간 부분을 사각형으로 와이어를 돌려 감아줍니다.

2mm 와이어로 2에서 만든 몸통을 튼튼하게 지지할 수 있게 감아줍니다.

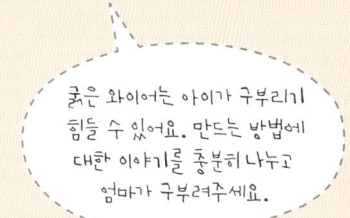

굵은 와이어는 아이가 구부리기 힘들 수 있어요. 만드는 방법에 대한 이야기를 충분히 나누고 엄마가 구부려주세요.

가장 가는 1mm 와이어로 꼭대기 부분을 감아줍니다.

출력한 자료를 색칠해줍니다.

색칠한 출력물을 자른 후 접어서 완성한 에펠탑과 함께 장식하고 놀아보아요.

종이로 된 도시(파리) 자료 검색어 ▶ paper city Paris

15 티피 & 토템폴 만들기
인디언이 살던 나라, 캐나다

■ **주제 관련 도서**
들소가 된 인디언/폴 고블/비룡소,
북아메리카/카렌 포스터/주니어랜덤,
노란 풍선의 세계 여행/샤를로테 데마톤스/마루벌

■ **준비물**
종이상자, 나무젓가락, 고무줄,
흰색 천, 가위, 염색용 파스텔(또는 크레파스),
사인펜, 휴지심, 토템폴 자료, 글루건, 풀

인디언은 아메리카 원주민을 말합니다. 신대륙 탐험을 나선 콜럼버스가 아메리카 대륙에 도착을 했고, 그곳을 인도로 착각하여 토착민을 인디언으로 부르기 시작했다는 이야기도 있지요. 아메리카 대륙의 나라들을 이야기하면서 빠트릴 수 없는 것이 바로 인디언입니다. 그들은 아주 오랜 옛날부터 아메리카 대륙에 터를 잡고 살아왔어요. 아이와 함께 인디언들이 살았던 티피와 종교적 의미가 있는 토템폴을 만들어보면서 인디언에 대해서 좀 더 자세히 알아보도록 해요.

종이상자를 지름 16~18cm로 자르고 나무젓가락을 준비해둡니다.

나무젓가락 5개를 글루건으로 붙여서 뼈대를 만들어줍니다.

염색용 파스텔은 천에 부드럽게 잘 그려집니다. 염색용 파스텔이 없으면 크레파스로 그려도 됩니다.

천을 지름 32cm의 반원 모양으로 자르고 염색용 파스텔을 준비합니다.

3에 그림을 그립니다.

4에서 색칠한 천 윗부분을 2에서 완성한 뼈대의 둘레에 맞춰 고무줄로 고정시킵니다.

휴지심 2개를 이어붙입니다.

준비한 토템폴 자료를 색칠합니다.

7에서 색칠한 자료를 잘라 6의 휴지심에 붙여줍니다.

토템폴 자료 검색어 ▶ totem pole coloring

16 우유갑으로 이층버스 만들기
멋진 볼거리가 가득한 나라, 영국

- **주제 관련 도서**
  여행 그림책 : 영국편/안노 미쯔마사/한림출판사,
  찰리와 롤라 런던은 정말 멋져!/로렌 차일드/국민서관,
  런던정글북/바주 샴/리젬,
  어린이를 위한 런던/마테오 페리콜리/걷다

- **준비물**
  우유갑(음료갑) 1000ml 2개, 칼, 가위,
  아크릴물감(빨간색), 빨대, 투명테이프,
  장난감 바퀴, 사인펜, 도화지

　남자아이들에게 탈것은 유아기에 제일 좋아하는 놀잇감 중 하나입니다. 빨간 이층버스(더블데커, Double Decker)는 영국을 대표하는 멋진 탈것 중 하나입니다. 그 밖에도 영국 하면 빅벤, 런던브리지, 여왕 등 흥미로운 요소가 많습니다. 긴 역사를 지닌 나라인 만큼 이야깃거리도 많지요. 영국과 관련된 책을 읽으며 아이와 영국에 대해서 이야기 나눠보고 영국의 상징인 이층버스를 만들어봐요.

1. 우유갑을 펼쳐서 모서리 4부분을 가위로 자릅니다.

2. 1에서 자른 부분을 모두 접어 투명테이프로 깔끔하게 붙입니다.

3. 2와 동일한 방법으로 만든 우유갑 2개를 양면테이프로 단단히 붙입니다.

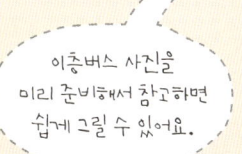

이층버스 사진을 미리 준비해서 참고하면 쉽게 그릴 수 있어요.

4. 매직펜으로 창문과 문을 그립니다.

5. 칼로 4에서 그린 창문과 문을 모두 자른 뒤 빨간 아크릴물감으로 색칠합니다. 두세 번 덧칠하면 색이 깔끔해집니다.

6. 빨대 2개를 우유갑 너비보다 작게 잘라 장난감 바퀴의 막대에 끼워 넣습니다.

7. 우유갑을 뒤집어 투명테이프로 바퀴를 단단히 붙입니다.

8. 도화지에 광고판과 버스 숫자판을 그려 버스에 붙여줍니다.

17 위인 팝 아트 초상화 그리기
자유의 나라, 미국

- **주제 관련 도서**
  여행 그림책 : 미국편/안도 미쯔마사/한림출판사,
  여기는 뉴욕입니다/M. 사세크/열린생각,
  뉴욕에 간 리자/안느 구트망/비룡소

- **준비물**
  캔버스 액자(사이즈13x18cm / 15x20cm),
  아크릴물감, 먹지, 연필, 투명테이프,
  검정 네임펜& 매직펜, 위인 그림 자료

　아이들과 다른 나라에 대해 쉽게 알아볼 수 있는 방법 중 하나가 위인동화책을 읽는 것입니다. 위인동화책을 읽다 보면 다른 역사적 배경을 가진 나라에서 성장한 위인의 이야기를 통해 자연스럽게 우리와 다른 나라의 문화를 접할 수 있답니다. 아이와 미국의 위인들이 나오는 동화책을 함께 읽어보고 팝 아트를 이용한 초상화를 그려볼까요? 팝 아트 작가로 유명한 앤디 워홀의 작품과 생애에 관련된 책을 보고 활동하면 더 좋습니다.

그리고 싶은 미국 위인 자료를 출력하고 먹지를 준비합니다.

캔버스 사이즈에 맞게 출력물과 먹지를 잘라줍니다.

캔버스 액자를 맨 아래에 두고 그 위에 먹지, 다시 자료를 올려서 투명테이프로 양옆을 고정시킵니다.

연필로 따라 그린 뒤 먹지와 자료를 떼어냅니다.

네임펜이나 매직펜을 이용해서 4에서 그린 선을 좀 더 진하게 그려줍니다.

아크릴물감으로 색칠합니다.

채색할 때 물감에 물을 많이 섞지 않아야 예쁜 색깔을 얻을 수 있어요.

채색이 끝나면 엄마가 덧칠을 해서 채색을 좀 더 깔끔하게 보정해줍니다.

아크릴물감이 다 마르면 검정 매직펜을 이용해서 선을 다시 덧칠해 그림을 선명하게 만들어줍니다.

위인 그림 자료 검색어 ▶ 위인 이름 + coloring (예: president lincoln coloring/amelia earhart coloring)

18 다양한 먹거리의 나라, 이탈리아
만두피로 미니 피자 만들기

■ **주제 관련 도서**
이탈리아 베니스 여행/에듀박스 편집부/에듀박스,
여행 그림책 : 이탈리아편/안도 미쯔마사/한림출판사,
베니스에 간 가스파르/안느 구트망/비룡소

■ **준비물**
만두피, 양송이버섯, 파프리카, 피망,
소시지, 토마토소스, 피자치즈,
칼, 숟가락, 쿠킹포일

이탈리아는 아이들이 좋아하는 음식인 피자, 파스타의 나라이기 때문에 다른 나라에 비해 별로 낯설지 않습니다. 이탈리아에서 가보고 싶은 도시를 소개하는 책들을 찾아서 읽고 아이들이 좋아하는 피자와 스파게티를 만들어볼까요?

1. 아이들과 오늘의 요리 재료를 탐색해봅니다. 냄새도 맡아보고 감촉도 느껴보아요.

2. 양송이버섯, 소시지는 얇게 잘라줍니다.

3. 피망과 파프리카는 길게 자른 다음 작게 깍둑썰기를 합니다.

아이가 어리면 빵칼로 자르게 해주세요.

4. 만두피에 토마토소스를 바르고 미리 잘라둔 토핑을 올려줍니다.

5. 쿠킹포일을 깔고 올리브유를 포일에 발라준 뒤 만두피 피자를 올리고 피자치즈를 뿌려 180도로 예열한 오븐에 5~7분 정도 굽습니다.

6. 자를 필요 없이 아이가 손에 들고 먹기에 딱 좋은 만두피 미니피자가 완성!

스파게티로 표현하는 얼굴

엄마 아빠의 잔소리를 듣다 보면 아이들도 그 스트레스를 풀고 싶어질 거예요. 스파게티 면을 똑똑 부러뜨려 간단히 그림 활동을 해보아요. 자른 스파게티 면으로 아빠, 엄마를 재미있게 그려봅니다.

준비물 : 종이, 스파게티 면, 매직펜, 목공용 풀

19 락키 팔찌 만들기
힌두교의 나라, 인도

■ **주제 관련 도서**
라몰의 땅/A. 라마찬드란/보림,
꾀쟁이 원숭이/제럴드 맥더멋/열린어린이,
나의 간디 이야기/라제시 차이티야 반가드 외/다섯수레

■ **준비물**
지끈, 종이상자를 자른 종이,
가위, 글루건, 색깔 고무줄,
꾸미기 재료(스팽글, 단추, 보석 비즈)

　　인도에는 락샤 반단이라는 축제가 있어요. 남자 형제를 둔 여인들이 실로 직접 만든 팔찌를 남자 형제에게 해주며 우애를 다지는 힌두교 축제랍니다. 이때 매어주는 팔찌를 락키라고 합니다. 이 락키 팔찌를 만들어 아이들이 직접 오빠나 형, 언니나 누나, 동생에게 매어주면 어떨까요? 우리랑 다른 나라의 축제도 알아보고 형제 간의 우애도 다지는 시간을 가져보아요.

3가지 색깔의 지끈을 길게 땋습니다.

종이상자를 작은 동그라미 모양(지름 3cm)으로 잘라주고 지끈을 펴서 1.5x 10cm로 잘라줍니다.

2에서 자른 동그라미에 반으로 접은 지끈을 글루건으로 붙여서 꽃모양을 만들어줍니다.

3의 중간에 지끈으로 만든 소용돌이 모양 장식을 글루건으로 붙입니다.

이 작업은 아이가 어리면 엄마가 해주는 게 좋아요.

1에서 땋아둔 지끈을 아이 팔목보다 여유 있는 길이로 자릅니다. 끈의 끝 부분은 풀리지 않게 고무줄로 묶고 한쪽 끝 부분은 조금 여유를 둬서 끼울 수 있게 구멍을 만들어주세요.

꾸미기 재료를 이용해서 팔찌 앞쪽을 꾸며주고 5에서 완성해둔 끈을 글루건을 이용해서 붙여줍니다.

20 신기한 인형의 나라, 러시아
마트료시카 책 만들기

- **주제 관련 도서**
  마법 인형 마트료시카/서지원/한솔수북,
  신데렐라를 찾아라/박수연/키즈엠,
  불새와 붉은 말과 바실리사 공주/이경혜/시공주니어

- **준비물**
  8절 머메이드지 5색, 가위, 풀,
  마트료시카 인형과 러시아 관련 자료,
  사인펜, 흰색 젤리볼펜

세계 지도를 펼쳐 놓고 러시아를 찾아볼까요? 러시아는 세계에서 가장 춥고 가장 넓은 땅을 가진 나라입니다. 그리고 인형 속에 인형이 끝없이 들어 있는 마트료시카의 나라이기도 합니다. 인형 속에 인형이 들어 있는 신기한 러시아 전통 인형 마트료시카 모양의 책을 만들어보아요. 러시아에 대한 여러 가지 내용으로 책을 채우면서 러시아에 대해서 좀 더 친밀해지는 시간을 가져봅니다.

1. 러시아 인형 자료를 출력해서 자르고 5가지 색의 머메이드지를 준비합니다.

2. 오린 마트료시카 인형을 머메이드지에 대고 적당한 크기로 잘라줍니다.

3. 자른 머메이드지에 인형을 붙이고 반으로 접어서 인형보다 사방으로 0.5cm 더 크게 잘라줍니다. 종이가 접히는 부분은 자르지 말고 남겨두어야 책 모양이 됩니다.

4. 각 인형의 안쪽 면에 같은 색의 머메이드지를 이용해서 작은 주머니를 만들어줍니다. 주머니는 더 작은 크기의 인형책이 들어갈 수 있어야 합니다.

책 속의 내용은 아이의 수준을 고려해서 조절해 주세요. 아이가 어리면 너무 어렵지 않은 내용으로 준비합니다.

5. 각 색깔의 마트료시카 책 속 내용을 아이와 함께 채워나갑니다. 아이가 글씨를 쓸 수 있으면 직접 적어도 되고 엄마가 이야기하면서 대신 적어줘도 됩니다.

6. 큰 책 속에 작은 책이 계속 들어가는 신기한 마트료시카 책이 만들어졌습니다.

마트료시카 검색어 → matryoshka free printable

찾아보기

4면 아이스크림 접기 20, 25
4쪽 책 접기 19, 73, 101
OHP 필름 64, 90

ㄱ

가을 그림 족자 130
가을 나무 114, 120
가을에 하는 놀이 109
감말랭이 크림치즈 카나페 125
개구리 연못 41
개나리 색종이 접기 25
거미줄 134
거미줄 모빌 135
걱정 인형 92
겨울 하늘 150
겨울에 하는 놀이 141
견과류 타르트 124
공작새 43
과일 바구니 128, 136
국화꽃 112
귀마개 162
귤 껍질 핫팩 164
그리기 나무 15
글루건 15
기저귀 146
기저귀 충전재 147
꽃 테이프 56
꽃밭 50

ㄴ

나무 도마 사진 갤러리 103
나무 막대 15, 92
나무 막대 가을 퍼즐 123
나무 막대 가족 액자 102
나뭇잎 카드 117
나비 44
네덜란드 214
녹인 크레파스로 만드는 나무 77
눈꽃모양 펀치 15, 143, 174
눈사람 146
눈사람 요리 152

ㄷ

단어 큐브 122
단추 111
달걀 껍질로 만드는 새 42
달걀판 62
달팽이 46
도일리페이퍼 35, 174
동네 만들기 106
둥근 색종이 15, 34
딸기 34
띠골판지 199

ㄹ

락키 팔찌 226
러시아 228
레모네이드 68
레몬 비밀 편지 69
리스 186

ㅁ

마끈 15, 131
마끈 체 202
마법 손전등 90
마스킹테이프 153
마트료시카 228
막대사탕 만들기 53
만두피 피자 224
매화 32
메타세쿼이아 팔찌 36
메타세쿼이아 화관 37
메탄올 144
면봉 25, 27
모자 만들기 83
무지개 물고기 만들기 65
물고기 그림 액자 64
미국 222
민들레 28

ㅂ

반 고흐 액자 61
반구 43, 143
방석 접기 20, 169
방향제 164
별자리 전등 138
병뚜껑 오너먼트 182
병에 담은 편지 176
봄 책 48
봄꽃 26
봄꽃 책 30
봄에 하는 놀이 23
부직포 51
부채 78
붕어빵 148
비즈 블록 15
빨래 책 72
빵 끈 국화꽃 113

ㅅ

사각주머니 접기 17, 129
사군자 병풍 32
사포 그림 132
삼각주머니 접기 16
삼각형 모양 8등분 접기 18, 27
새 접기 21, 43
색 모래 66
색골판지 96, 128, 168, 178
색깔 샌드위치 책 84
색깔 성냥 15, 121
색종이 눈꽃 175
색종이 태극기 194
선글라스 82
셀로판지 45, 83
소금 152
소금 눈 144
손거울 책 88
솔방울 160
솜방울 15, 50, 137
솜방울 오너먼트 183
솜사탕 52
수박 종이접기 70
수박 화채 70
수박씨 그림 71
수수깡 105, 131
수정펜 15
스노 글로브 142
스파게티 얼굴 225
스팽글 15, 29, 35
스팽글 오너먼트 183
습자지 39, 51, 58
시화전 118

ㅇ

식용 색소 78

아이스 바 75
아이스크림 74
애벌레 45
애플 랩북 126
야광 별자리 스티커 139
양면 색종이 24
에어캡 151
에펠탑 216
여름 나무 76
여름에 하는 놀이 55
여행 가방 만들기 212
연꽃 58
열두 띠 동물 미니북 168
영국 220
요구르트 통 인형 104
우드락 84
우유갑 220
유리병 66
은행잎 116
음료 슬리브 15
이층버스 220
이탈리아 224
인도 226

ㅈ

자연물 가습기 160
잣나무 열매 57
장미 56
전단지 냉장고 190
전통 문양 책 205

전통 탈 액자 210
점토 다식 200
정전기 142
조개껍질 모자이크 접시 80
조개껍질 목걸이 67
종이접시 액자 118
종이컵 용 170
지끈 15
지도 192
지도 퍼즐 193
진달래 38
집 모양 미니북 209

ㅊ

찰흙 초가집 206
책 커버 쇼핑백 191
천에 그리는 눈꽃 153
천연염색 조각보 196
천연염색물 만드는 방법 131
천으로 꾸며서 만드는 책 48
철쭉 39

ㅋ

카네이션 화분 98
카드 92
캐나다 218
캔버스 액자 223
커피 빨대 15
커피 여과지 56, 120
커피 음료 뚜껑 15, 46, 82
컵라면 용기 137
코스모스 110
쿠킹포일 64, 88

크라프트 전지 76, 94
크라프트지 선물 포장 92
크리스마스 놀이 173
크리스마스트리 174, 178
크리스마스 팝업 카드 180
키친타월 51

ㅌ

타일 조각 모자이크 81
털실 겨울 액자 158
털실 매트 159
털실 컵 받침 154
토템폴 218
투명 부채 79
튤립 책 214
티피 218

ㅍ

파리 216
파스텔 47
파스텔 색 내기 53
팝 아트 222
팝업 카드 96, 180
팥빙수 74
팽이 198
퍼니콘 15
퍼니콘 기와집 208
퍼니콘 태극기 194
퍼즐 그림 60
펄러 비즈 15, 179, 192
펠트 스티커 47
펠트지 슬리퍼 166
폼폼이 15

프랑스 216
플레이콘 15

ㅎ

학 접기용 색종이 26
한살이 40
한지 131
할핀 15, 91, 114, 171, 181
해바라기 60
핸드폰 책 100
허니컴 종이 15, 137, 184
화전 38
휴지심 29, 41, 199, 219
휴지심 동물 171
휴지심 쥐불놀이 199
흰색 젤리볼펜 15